Heibonsha Library

平凡社ライブラリー

Heibonsha Library

呪の思想

神と人との間

白川 静＋梅原 猛

平凡社

本著作は二〇〇二年九月九日に平凡社より刊行されたものです。

はじめに

「奇人・梅原猛は、大奇人・白川静に会いたがっていた」が、このものがたりの発端。「白川静」は「梅原猛」にとって、「梅原君」と呼んでくれる唯一の師であり、大先輩であるが、学問の場面《シーン》での二人の出会いは、この「対談」が初めてである。このことは意外に知られていない。

この「対談」は、梅原猛の〝夢〟が実現した一書である。それ故、梅原猛はなるべく白川静から、その学問・思想を引き出したいと、この場面では「聞く人」となった。梅原猛の〝問〟に、白川静は〝答〟を出す。的確に出す。

第一回めの「対談」では、二人の立命館《りつめいかん》大学における出会いから、「高橋和巳《たかはしかずみ》」を核として思い出語《がたり》へと入り、高橋和巳の『わが解体』の〝あの時代〟へタイムスリップ。そして「漢字のものがたり」。

いささかリラックスした、二度めの対談では、こちらも大奇人「孔子《こうし》」という人物にぐっと、迫る。孔子をカタる時、梅原猛には、いささかの想いがあった。梅原猛は白川静に聞く。白川静が孔子を愛する理由を。それは、「流浪《るろう》の民としての孔子」、「葬送《そうそう》を司る職能の民としての孔子」、「巫女《みこ》の私生児としての孔子」への深い愛情であった。同時に深い哀《かな》しみであった。梅原猛は、実は同じ想いを「孔子」に抱いていた。二人は打ち溶《と》けてゆく。

さらに三度めの対談では『詩経《しきょう》』という書物に籠《こ》められた「興《きょう》の精神」が二人を繋《つな》いでゆく。「興」とは、人が神へ捧げる呪的《じゅてき》行為であった。「興」は歌が呪物であることを教えてくれる。例えばこんな風である。「歌が病《やまい》を治す呪力を持つことを誰が知っていよう。それはむつかしいことではない、花が美しいと思ったら、それを歌えばいい。すると病は癒《い》えるであろう」。

この本に収められた三つの対談は、梅原猛をコーフンさせた。そのコーフンが読者に〝感動〟として伝わる。昔むかしの哀しく切ない美しいものがたりを背景に、白川静の学問と思想は、鎮魂呪術者・梅原猛の中で、妖しく咲く。

目次

興

凡例
◉はト文(甲骨文字)、◎は金文(青銅器に鋳出された文字)です。

第一章　卜文・金文——漢字の呪術

饗

ものがたりは既に始まっていた。

一九六四年、

「高橋和巳《たかはしかずみ》」という若い才能を介して二人は出会っていた。

白川静と梅原猛。


『わが解体《かいたい》』のS教授。

あの真夜中の光。

S教授の研究室にいつまでもいつまでも、ともっている明り。

それは太陽であり、月であった。

あの時代。


二人はあの時代を共有している。

「窖《あなぐら》にいる恐龍のようでしたな」

と梅原猛が言えば、

「僕はそんな古生物ではないぞ。現在に生きて、テレビも見とる」
とS教授は笑って答える。

あの時代。
「いい時代でした」
という二人は、
あの時代の、
あの日、
S教授の研究室で、親しく語り合ったように、
〝今〟を語る。

ところで、あれから何年？
白川静、九十一歳。梅原猛、七十六歳。
超バリバリの現役です。

「白川静」の学問——異端の学から先端の学へ

梅原　先生とゆっくりお話をするのは、私が立命館《りつめいかん》大学を飛び出して、先生に私の所へ来て頂いた時以来です。先生は、どうしても立命へ帰ってくれっておっしゃったんです。大好きな先生が説得に来られたんだから、帰らなきゃいけないんじゃないか、という思いを強くしたんですけどね。結局は戻りませんでした。

それは色々当時の大学当局に対する不満があったこともありますが、一つにはこのままでいくと自分が駄目になる、ここで今の生活を変えて、何かに本格的に仕事に取り組まなくてはならないのではないかと、そういう気持があったんです。そして浪人している間に書いたのが私の「古代三部作」、『神々の流竄《るざん》』、『隠された十字架』、『水底《みなそこ》の歌』の三作です。それで白川先生には、今でも借金があるような気持なんです。

白川　いやいや。

梅原　もう三十年も前になりますか。それからずっと、先生の動きを拝見してますと、先生は年々偉くなってる。年々先生の凄さが私にも解ってきたような気がする。前は先生を異端の偉い学者だと思ってましたけど、中国学の本道ではないと思ってました。

しかしだんだん先生が一つの大きな学問の本道を開かれているんだという、そういうことを実感し始めたのです。私は先生の本の全部を理解するにはとても及びませんけど、私の理解した部分だけでも、一つの新しい中国学がここで始まっていると、中国の文明というものを本当に理解するためにはどうしても必要な、世界的に重要な新しい学問が先生によって創られているんだ、ということをつくづく感じますね。

この例が適当なのか解りませんけど、私が若い時から好きなニーチェ、このニーチェがディオニュソス的ギリシアを発見した。今までギリシアはアポロン的に、合理主義的に理解されて来たためギリシア哲学は理性の大系だと、ギリシア思想は〝もの〟をクリアに見るアポロン精神でのみ理解されて来たんです。しかし、そればかりではない。もう一つギリシアには、違った精神がある、それはディオニュソスだと。ディオニュソスというのは酒の精神ですからね、情熱が溢れ出るようなそういう熱狂の精神がギリシアにある。それがニーチェによる新しいギリシアの発見です。

私は吉川幸次郎《よしかわこうじろう》先生の著作を愛読しているんですけど、吉川先生が中国でいちばん好きなのは孔子《こうし》と杜甫《とほ》だと、特に杜甫ですね。それは不可思議な世界があることを感じてはいるが、認識を人間の及ぶ理性の範囲に留めた。いわゆる「怪力乱神を語らず」です。そういう点で、孔子と杜甫をいちばん評価している。「吉川中国学」というのを考えるとですね、アポロン的な中国観なんですよ。

ところが先生はディオニュソス的中国観を開かれたのです。アポロン的なものの見方を真っ向から変えてしまった。漢字の背後に全く不合理としかいえないような、畏《おそろ》しい神の世界がある。そして孔子ですね、巫女《みこ》の私生児だという、これはもう全く新しい学問の理解だと思います。

『万葉集』と『詩経』——甲骨文と殷王朝

白川 初めはね、私は、国は福井ですが、地元に橘曙覧《たちばなのあけみ》*1という万葉調の歌人が居《お》ったんです。それから橋本左内《はしもとさない》*2の邸なんかもね、近くにありまして、そんなことでまず日本の古い時代のことをよく知りたい、というのが第一歩であった。ところがね、あの当時、津田左右吉《つだそうきち》の『文学に現はれたる我が国民思想の研究』というのが四冊出ましてね。あれ読んでね、彼の理論というのは随分破壊的で、極めて唯物的だなと思って。

梅原 それに啓蒙主義的ですね。人間の理性の面しか見てないんです。だから日本の文学の中で、いちばんすぐれているのが一茶《いっさ》の俳句だというんですよね。『源氏物語《げんじものがたり》』とかも全然解ってない、芭蕉《ばしょう》なんかもボロクソです。

白川　私は『万葉集《まんようしゅう》』をやりたいと思って、それで『万葉』を読み出したら、アララギ派[*3]の『万葉』の解釈というのが、また実に不可思議でね。

梅原　解りますね。

白川　古代文学として、本当にこれでいいのか、という気持があった。それで、まず『万葉』をやりたいと思ったんですけれども、まあ、前から僕は中国のことを、そういう東洋的なもののいちばん根源のところはどこにあるかということを考えていましたから、それで『万葉』と、中国のいちばん古い『詩経《しきょう》』とをね、この両方を比較してゆくならば、この両方が共通して持っているような原体験の世界というようなものが見えてくるんではないか、というんでね、『万葉集』と『詩経』との比較研究をやり出したんです。

そうすると、発想とか表現とかの上でね、実に似ておるんです。同じような習俗があるんです。例えば占いをする時に、谷川に、日本だったら「水縄延《みなわは》え」という、縄を流してね、うまく流れるか、どこかに留まるかで、吉凶を決める。中国の方でもね、「束薪《そくしん》」というのがある。柴ですね、「揚《あ》がれる水　束薪を流さず」というような句が『詩経』の中に二、三回出て来る。やっぱりそういう水占《みなうら》をやる訳ですね。そんなことであるとか、とにかく習俗的に非常に似とるんですね。こんもりした繁みを見れば、これが生命感を呼び起こして、祝いの言葉になるとか。

そういう風なところから、両方を比較しながら見ていけば、ものが形になって見えるんではないかというのでね、『万葉』と『詩経』とが僕の最初のテーマであったんです。

梅原 それはいつ頃ですか。

白川 かなり早い時期です。その時分には丁度日本で特殊仮名問題が出た時でしたから、特殊仮名のことなんかをね、やはり『万葉』を調べたり「記紀《きき》」の歌謡を調べたり、色んなものを調べながら、やったことがあります。これは私のごく若い時、中学の教師をしておる時です。ところがその頃に郭沫若《かくまつじゃく》が日本に来ておりましてね、甲骨文《こうこつぶん》の研究である『卜辞通纂《ぼくじつうさん》』（昭和八年）を出したり、金文《きんぶん》研究の増訂版の『両周金文辞大系考釈《りょうしゅうきんぶんじたいけいこうしゃく》』（昭和十年）という書物を出した。中学の教師になったのは二十五歳で、それから六年間おりましたから、その間です。

梅原 その頃から甲骨文、金文を。

白川 そうです。ただ、しかし僕は研究者になるつもりはなかった。そういうことをやりながら、それぞれの分野の研究者の立派な仕事を眺めて、楽しんで、自分も仲間へ入ったつもりで、遊んでやろうというのがね、僕の考えであった。だから僕は初め中学に六年間、ずっと居ったんです。

梅原 それで、橋本循《はしもとじゅん》[*4]先生の縁で立命館大学へ。

白川 そうです。それで、だんだん専門部へ来い、文学部へ来いというんで移されて、文学部へ移されるとね、僕にも少しは責任がありますから、遊びのつもりという訳にいかんからね。やっぱり仕事をせんならんというので、そのつもりで仕事をやり出しましたけれども、やはり私学ですからね、自分の方法論というものを持ちたい、自分の分野というものを持ちたい、独立したね、自分の一つの領域というものを持ちたい。まあこれは私学に居れば誰でもね、そういう気持になるだろうと思うんですがね。

梅原　そんなことないですよ。私学であれ官学であれ、やっぱり日本の学者で自分の方法を持つ、自分の世界を持とうとする人はわずかですよ。誰でも持とうとするというのはちょっと違うと思いますよ。

先生は最初は『万葉集』と『詩経』の比較から入られて……

白川　その『詩経』の研究をするのにね、『詩経』と同時代の資料として、金文がある。そしてそれのもう一つ前のものとして、甲骨文がある。そうするとここへ行かなければ、問題の根源は摑《つか》めないと。

だから結局甲骨文の世界へ入っていった。現在、或る程度体系的に知られている文化段階としては、やはり殷《いん》*5の時代、甲骨文の時代がいちばん資料も豊富ですしね。研究の対象としては適当な分野ですから、まずそれをやろうと。当時甲骨文の研究は日本であまり行われておらなかった。

梅原　それでだんだん、だんだん、古代世界が見えてきた訳ですね。

三つの文化――文身・子安貝・呪霊

白川　色々甲骨文の研究をやり、文字の解釈・分析なんかをやり、それから殷王朝の性格という風なものを見ていきますとね、日本の古代王朝の成立の過程というのが、僕の一つの課題になった。どうして日本の大和朝廷《やまとちょうてい》というものが出来たか。そういうようなものはね、日本の資料だけ見て研究するというやり方もあるかも知れんけれども、もし似たような風土圏であるならば、大体似たような形でね、比較研究が出来ると思った。多少、大小の差がありますから、日本と中国は、そのまま同じとはいえませんがね。

梅原　島国と大陸の違いもありますし。

白川　それは向こうの方が遥かに複雑で、いくつかの勢力がぶつかり合って、激しい闘争の中で文化が生まれてきている。日本の方は、縄文《じょうもん》と弥生《やよい》と、まあ南北関係だけですわな。

梅原　つまり土着の人と渡来人、縄文人と弥生人の関係で済んだ。

白川　だけどもやはり比較的に見ていくと、色々ヒントになる事実が出て来る。僕は大体比較研究が、これは全く違ったものであったら比較になりませんがね、或る程度の同一基盤があっての上でならば、比較が成り立つ訳ですね。それで、そういうものを基礎として、第一にはね、殷の文化と日本の文化、これは一つの東アジア的な「沿海の文化」として捉えることが出来るのではないかと思った。

殷の文化のいちばん特徴的なものは、まず文身《ぶんしん》*6の俗があること、これは殷以降にはありません。

それから貝の文化。子安貝《こやすがい》*7ですね。あの子安貝がね、中国の沿海で採れる所がないんですね。だから柳田國男《やなぎたくにお》さんは琉球から来たんであろうという。だけどもビルマの辺りにも出ますしね、もうちょっと向こうへ回った所にも出るらしい。だからその辺りから来とるかも知れん。

それで南海の方で、どこかにあるのではないかという気がする。亀の甲でも、マレー半島辺りの亀の甲が使われている時がある。海流に乗って来たのか、柳田さんの言うように琉球方面からかは知りませんけど、殷が滅びて周《しゅう》の国になっても、外人部隊として殷の軍団が残っていて、それに対する論功には貝を使うんです。貝は殷の部族に対してしか与えられていない。

梅原　子安貝は中国では採れないんですか。

白川　採れないらしい。東シナ海の沿岸にはないらしい。

梅原　採れたら、貝をお金にする訳にはいきませんですからなあ。

白川　そうそう、自由に採れるくらいあったらね、珍しくもないし。まあ、あの子安貝の形も一つはね、象徴的なんですね。だから単なる貨幣ではなく、おそらくもっと宗教的なものとして扱われていたと思います。

梅原 貝が使われるのはいつ頃までですか。

白川 西周《せいしゅう》の中頃、紀元前九〇〇年頃までです。

梅原 私は四川省《しせんしょう》の三星堆遺跡《さんせいたいいせき》*8に行きましたけどね、子安貝がたくさんあるんですよ、それもみんな同じ大きさで、袋に入ってずらりと。あれを見て、やはり貨幣として使われていたんだなと思ったんです。

白川 それはね、殷ではあの貝を紐に通して担ぐんです。その紐に通したものを「朋《ほう》」と言って、これを一朋、貝何朋という風に言う。「朋」は貝を繫いだ形です。

梅原 あそこだったらビルマの方から来るんじゃないかという気がしましたけどね。いずれにせよ、子安貝が貨幣として用いられてるのは、あの貝が採れる所ではない訳ですね。これは大変重要な指摘だと思います。で、もう一つは?

白川 もう一つはね、呪霊《じゅれい》という観念ですね。シャーマニズム的なね。お祭が殆どそういう性格のお祭なんです。何々のタタリに対する祭、というね。

梅原 怨霊《おんりょう》ですね。私の領域ですよ(笑)。これまで怨霊と関係ないと思われていた法隆寺や柿本人麻呂《かきのもとのひとまろ》を怨霊で解いた訳ですから。先生の言われる中国の呪霊の文化ですね。

白川　そうです。そしてこの三つが共通した、基礎的なものとして、文化の底にある。だから日本と中国は十分比較研究に値する条件を持っとる訳ですね。それで殷の文化を深く調べてみたいと。

梅原　その大きな違いは文字があったかないかですわな。日本では文字がない訳ですね。だから民俗学的な方法によって明らかにするしか仕様がない。それで柳田や折口信夫《おりくちしのぶ》があいう形で日本の世界を明らかにしたんですけどね。中国では文字というものがありますからね、文字によって中国は明らかになる。

その仕事が、私は先生の仕事だと思いますけどね。民俗が似ているんだから、もとより文学の成果と柳田・折口の民俗学の成果と、大変似てくる訳ですね。

白川　柳田・折口は事実関係だけでいく訳ですけど、僕は文字を媒介としてみる訳です。

梅原　文字を媒介にしますと、より正確な答が出て来る訳ですよね。柳田・折口の学はやっぱり、類推のようなところがあって、年代というのはよく解らない。百年前に出来たのか、千年前か、一万年前か解らないというように、柳田・折口の民俗学は年代を考えることが出来ない、そういう弱みを持っています。先生の学問は文字を媒介としているから、年代を特定することが出来る。

白川　日本の場合には伝承という形でしかみられないけれども、向こうの場合には文字がありますからね、文字の中に形象化された、そこに含まれておる意味というものを、その時代のままで、今我々がみることが出来る訳です。だから三千年前の文字であるならば、その三千年前の現実をね、みることが出来る。

梅原　それはやっぱり象形文字の特徴でしょうか。

白川　そう、象形文字であるからそれが出来るんで、これが単なるスペルだったら、みることが出来ません。

梅原　出来るとしたらやっぱり中国とエジプトでしょうか。

白川　エジプトのヒエログリフ[*9]ですね、それは象形文字ですから、そういう意味を持っておったはずです。だけどそれがデモティック[*10]になってしまったら、普通のスペルになってしまいますから。あちらでは、もう使っておる民族が違い、言葉が違う訳。つまり、漢字が仮名になったのと一緒ですね。

梅原　多少でも出来るとしたらエジプトでしょうけど、ヒエログリフだと本格的なことは出来ない訳ですね。やっぱり漢字を持った中国だけに出来る。これは大きな仕事ですわな。

神聖王と卜占——神と人との交通

白川　日本に文字が出来なかったのは、絶対王朝が出来なかったからです。「神聖王」を核とする絶対王朝が出来なければ、文字は生まれて来ない。

梅原　私もそう思います。それは大事なことです。しかも私の仮説だけど、その神聖王朝というのは異民族を含まないと出来ないような気がしますね。異民族を支配するには絶対、文字が要る。

私は、長江文明《ちょうこうぶんめい》をずっとやっているんですけど、長江流域に高い文化があったのは間違いないんですが、ところがそこには文字がないんですよ。それはやっぱり異民族を含まなかったからではないかという気がするんですね。異民族を含んで、巨大な国家が出来ないと、文字は出来ない。

白川　神聖王朝というと、そういう異民族の支配をも含めて、絶対的な権威を持たなければならんから、自分が神でなければならない。神さまと交通出来る者でなければならない。神と交通する手段が文字であった訳です。

これは統治のために使うというような実務的なものではない。神との交通の手段としてある。甲骨文の場合、それは神に対して、「この問題についてどうか」という風に聞きますが、神は本当に返事をする訳じゃありませんから、自分が期待出来る答が出るまでやって、「神も承諾した」ということにして、やる訳です。

甲骨文

骨に刻された占いの文字・卜文《ぼくぶん》。

甲申《こうしん》に卜す、岳《がく》は禾《か》に害あらざらんかと
甲申に卜す、其れ禾に害あらんかと
甲申に卜す、雨ふらんかと
乙酉《いつゆう》に卜す、岳は禾に害あらざらんかと
〔乙〕酉に卜す、〔岳は〕其れ禾に害あらんかと
乙酉に卜す、舞《ぶ》（雨請い）せんかと
乙酉に卜す、舞することなからんかと
丙戌《へいじゅつ》に卜す、夕に及んで雨ふらんかと

　夕に及んで雨ふらんかと
丁亥《ていがい》に雨ふらんかと
戊子《ぼし》に雨ふらんかと
己丑《きちゅう》に雨ふらんかと
庚寅《こういん》に雨ふらんかと
丙戌に卜す、戌に雨ふらんかと

「舞」という字には、
既に「雨かんむり」が付いている。
即ち「舞」とは元々神に捧げる、
「雨請いの舞」であった。
それが、骨に刻された文字から解る……不思議。

雨ふらざらんかと
丙戌に卜す、丁亥に雨ふらんかと
丙戌に卜す、岳は害あらざらんかと
丙戌に卜す、岳は其れ害あらんかと
丁亥に卜す、岳に寧《ねい》することなからんかと
丁亥に卜す、岳に寧せんか、燎《りょう》（火祭）して牢《ろう》（犠牲）を
ささげんか
己卯《きぼう》に卜す、隹《こ》れ岳こそ害あらんかと
己卯〔に卜す〕、隹れ河《か》こそ害あらんかと
己卯に貞《と》う、害なきかと
辛亥《しんがい》に卜す、岳は其れ禾に害あらんか、岳に又《ゆう》せんかと
辛亥に卜す、岳は禾に害あらざらんか、岳に又することな
からんかと

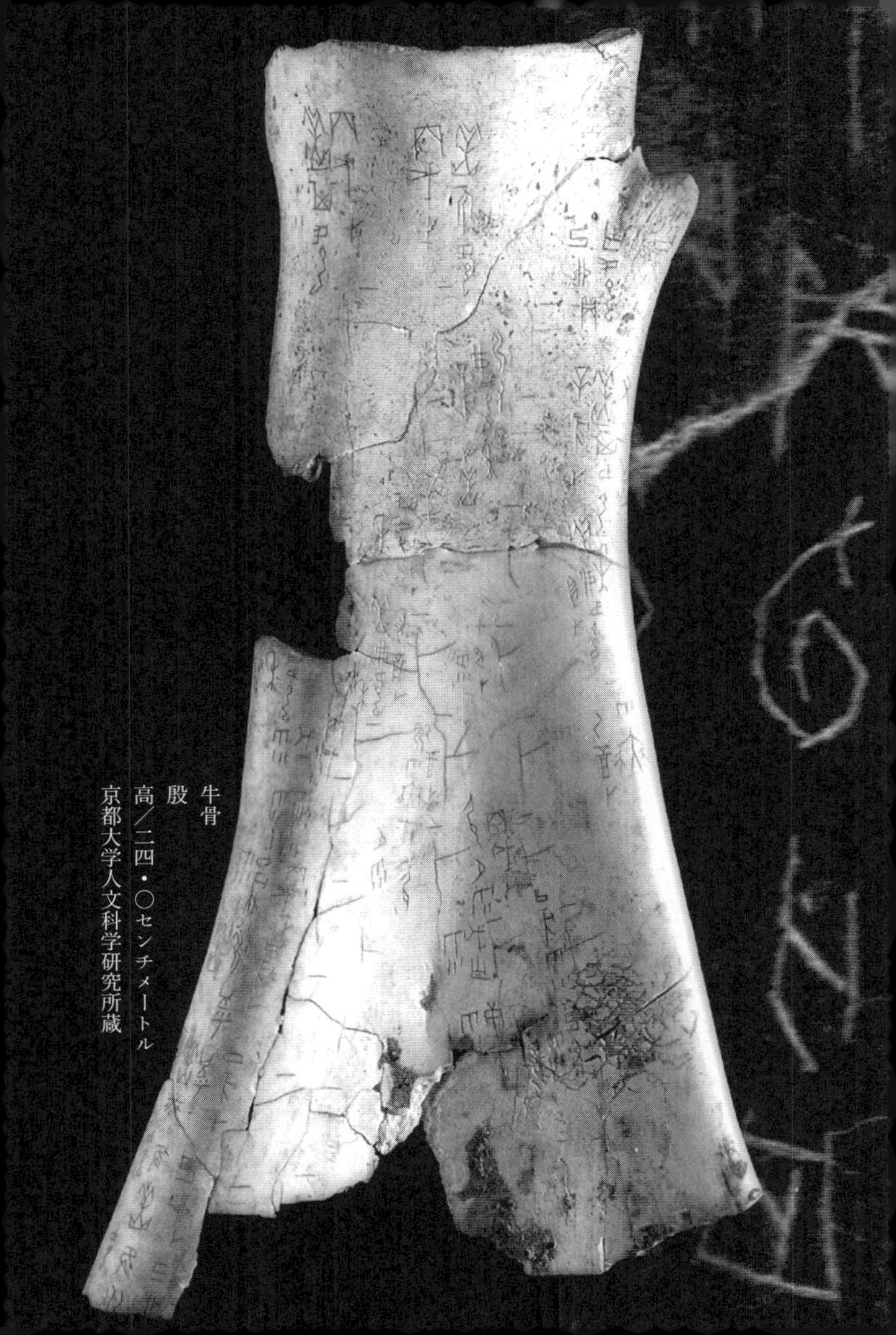

牛骨
殷
高／二四・〇センチメートル
京都大学人文科学研究所蔵

梅原　あらかじめ答を用意している訳ですか。

白川　そうです。これは一つの手続きです。神と交通し、神に承諾せしめた、というね。

梅原　自分の期待した答が出なかったら、何遍もやる訳ですか。

白川　何遍もやる。十連卜《じゅうれんぼく》なんていうのもありましてね、何遍もやるんです。だから決して悪い結果は出ないんです（笑）。

梅原　（笑）

白川　エジプトのヒエログリフでも、ピラミッドの中にしかありませんね。王さまの墳墓にしかない。だから文字というものは一般の現実的な業務には使ってない訳です。

それは神であった者が地上に王として君臨して、また神に戻られた、その神に対する色々な連絡の方法として、文字が使われている訳ですから、エジプトでも本来は、文字そのものは神との交通の手段であった。

中国では祖先を祀る時にも、祀る器物に文字を入れて祖先に告げる。そういう風なことを、殷代にはやっています。

梅原　しかし現代人は文字というのは人と人との交流手段と考えますからね。神さまなしに、文字を使ってますから。そういう目で古代をみると全く間違う訳ですね。

白川　人と人との交通の手段はね、後の竹簡《ちくかん》・木簡《もっかん》の時代[*11]になります。それはいわば伝票ですね。時代はずっと下ってしまいます。

「道」と異族――悪魔祓い

梅原　先生のご本を読むと、何でもないような字が全部、神さまと関係ある、ということになる。

　私なんか「道」の先生の解釈にはびっくりしました。異族の首を持って歩くなんて。あれは本物の生首を持って歩いたんですか。

白川　字の構造の上ではそうです。本当にね、首を持って進むという字形です。今は「導」という字ですけどね、「導」だと道案内という意味になってしまうけれども、本来は「道」そのものが、そのような呪的対象であった。ただ自己の支配する領域では、そういうことはやらんのです。支配の圏外に出る時には、「そこには異族神がおる、我々の祀る霊と違う霊がおる」と考えた、だから祓いながら進まなければならん訳です。

梅原　実際に生首を持って歩いた。生々しいなあ。

白川　例えばね、「辺塞《へんさい》」という場合の「辺」の元の字、「邊」、これは鼻を上に、人の体を横向きにして台に置く形。髑髏棚《どくろだな》と

道[道]　ドウ(ダウ)　みち・みちびく・いう

◎

金文

青銅器に鋳出《いだ》された
神への文字・呪語。

饕餮夔《とうてつき》鳳文《ほうもん》方尊《ほうそん》（栄子尊《えいしそん》）
西周時代
高／二七・七センチメートル
口径／二三・〇センチメートル
白鶴美術館蔵

器内底に「栄子作宝隮彝《えいしほうそんいをつくる》」の二行六字の銘文がある。「宝隮彝」の「宝」は、廟所に供える宝という意。この時代の王侯貴族の墓は「地下のピラミッド」であった。「彝」という字は鶏を両手で持ち、羽交い締めにして血を吐かせている形（『字統』）というが、青銅器制作において、「宝隮彝を作る」は常套句。「隮」は、この青銅器の象形。

いう首ばっかり並べたのがありますね。これは身体全部、死体を置いとる訳です。これが、「邊」。「辺」にしてしまうと元の意味が失われてしまいます。

「塞」という字はまたちょっと違って、「塞」の初文には「工」という字が四つ入っています。この「工」というのは呪具です。これで邪霊を除く訳ですね。呪具をいっぱい詰め込んでいる形です。

辺［邊］ ヘン くにざかい・ほとり・はし

梅原 先生の話を聞くとおぞましい霊が続々出て来るようで（笑）。

白川 しかし実際に髑髏棚なんかは、台湾の生蕃《せいばん》*12なんかにありますわね。未開社会へ行くとかなりあるらしいですよ、髑髏を並べておくというようなことは。みな邪霊除けですわな。

梅原 そういう、悪霊がいっぱいいうようよしてる世界が見えてきますね。

殷の神秘世界——周の合理主義的社会

白川 あなたが言われる縄文的な社会も……

梅原 縄文もそうです。縄文のあの文様はどこから来たかというとね、悪霊がいっぱいいて、その悪霊は衿《えり》の所や袖《そで》の所から入りやすいから、衿の所や袖口に派手な文様を描くんですよ。

白川　広くいえばシャーマニズム的なものが非常に濃厚であった。だから縄文的世界と大変似とると思いますよ。
それに対して周の社会は、こういう呪的な儀礼をやらんのです。祀るのは祖先の霊と国の定めた山川の霊だけであって、他の邪霊というようなものはね、まあ色んな民間的なものはありますけれども、周の王朝としてはそういうお祭はやらんのです。

梅原　一種の合理主義。

白川　合理主義的ですね。

梅原　周の合理主義は……

白川　それはいわば弥生的。

梅原　今までの中国学の主流なんですよ、弥生的というのは。日本でも、「日本古代学」は弥生的な、合理的な古代学ですよ。『万葉集』もそういう風な合理主義の世界からみられているんです。

殷以前——「夏」・「南」……民族移動

梅原　先生、殷の民族というのはどういう民族ですかね。

白川　それはなかなかよく解らんのです。日本と違って、日本の場合はまず南北、縄文が南北にある、真ん中はちょっと希薄な状態で、後になって弥生になる、という風なんですが、闘争ということがないんですね。移動とか混乱ということがない。中国の場合には、殷民族は大体山東省《さんとうしょう》辺りに居ったはずなんです。あそこの城子崖《じょうしがい》*13がいちばん古い遺跡ですから。

それが西の方に、その前に夏《か》*14の仰韶《ぎょうしょう》彩陶《さいとう》*15文化がですね、これがず〜っと文化の下層にある。それの上をず〜っと陝西省《せんせいしょう》まで、殷の龍山《りゅうざん》*16文化ですね、これが行っとるんです。だから初めは西の方から沿海まで彩陶文化が来て、今度は沿海から西の陝西省まで龍山文化、黒陶《こくとう》文化が押し返しとる訳ですね。

ところがそれ以前に南の方の大勢力がありますわね、この南人《なんじん》は、苗族《びょうぞく》*17なんかの「南《なん》」の系統で、この苗族は実は、元々は北方の蒙古《もうこ》系なんです。モンゴロイドですね。だから「南」、苗族はその夏・殷の前に、南北を湖南《こなん》まで、北から降りて来とる訳です。それがまずいちばん古い移動ですね。それから西からの夏の王朝があって、東からの殷の王朝があって、また西からの周の王朝がある。こういう風に民族の移動を根こそぎ、何回かやっとる。これは日本と全く違いますね。

梅原　日本には、民族移動は殆どないですわな。

白川　そういう激しい民族移動の末に、しかし言葉は後には同じになりますがね、本来はかなり違っておったと思うんです。この沿海の方の良渚《りょうしょ》遺跡[*18]とか、後の呉《ご》・越《えつ》ですね、ここは初めは言葉が違います。しかし同じ単音節語であるから容易に一体化してしまう。ただ苗族はモンゴルから降りて来た人種で、言葉の系統が違う。それで漢語化しない訳ですね。今でも苗族は自治区なんかを各地に持ってね、一応独立したような形です。

梅原　苗族は北から来たんですか。

白川　非常に古い時代に北から来て、湖北《こほく》・江西《こうせい》辺りに落ち着いた。

長江中流――彭頭山文化

梅原　私はこの間中国へ行って来たんですけど、長江流域に沿って、大変素晴らしい城壁都市が点々とあるんですよ。長江の下流の方、呉・越にもありますね、先刻の良渚遺跡もそうですし、中流の方にもまたあるんですよ。今度我々が発掘したのは彭頭山《ほうとうざん》[*19]というんですけど、約九千年前の都市遺跡ですね。

白川　それは良渚の……

梅原　前です。

白川　同じ場所で？

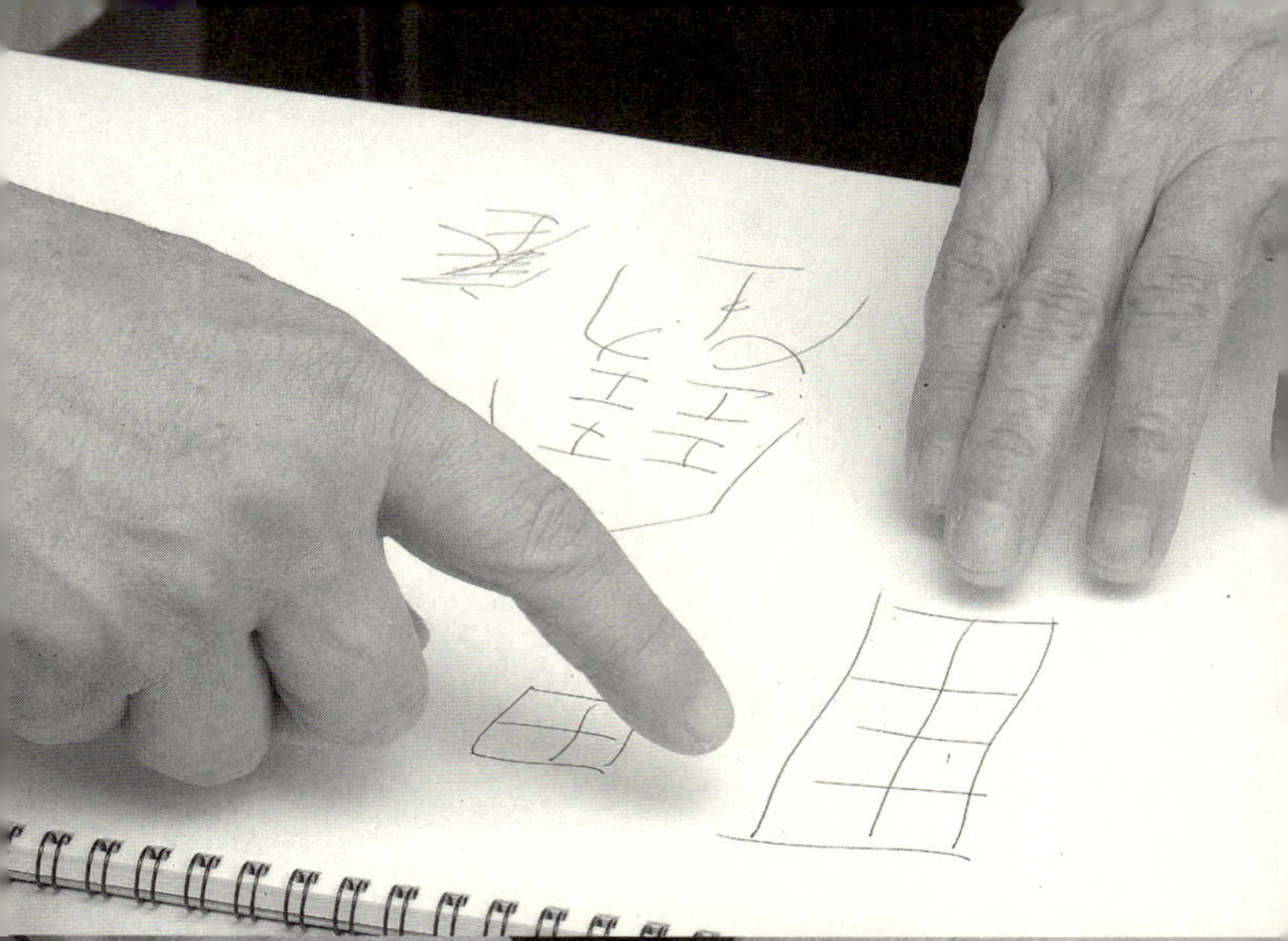

梅原　長沙《ちょうさ》の近くです。湖南省です。中国の考古学者で、厳文明《げんぶんめい》さんというういちばんの考古学者がいるんですけど、彼が湖南省が稲作の発生地じゃないかという説を出してるんです。それもたぶん間違いないということになってるんですよ。大体一万四千点くらい出土品がある。だから長江の流域にですね、古い一つの文明があったんじゃないかと。その頂点が良渚じゃないかと思ってるんですけどね。おそらくこれを北から来た民族が滅ぼして、統一国家を作ったんじゃないかと思ってますけどね。

白川　沿海民族でしょうね、大体。良渚文化、大汶口《だいぶんこう》辺り＊20は、沿海民族です。

梅原　稲作ですね、そして養蚕《ようさん》。それを北から来た稗《ひえ》・粟《あわ》の民族、遊牧の民族が滅ぼして、中国を統一したんじゃないかという想定をしてるんですけどね。

　殷は、農耕民族ですか遊牧民族ですか。

白川　殷は、おそらく河南省から陝西省に入ってそして河南省の南辺りまで進出したところで、たぶん屈家嶺《くっかれい》文化＊21と接触して、そこで稲作を……

梅原　学んだ。本来は稲作じゃなかった訳ですか。

白川　ええ、本来は稲作ではありません。

梅原　本来はどういう民族ですか。

白川　本来は粟・黍《きび》なんかでしょうね。

梅原　そこで接触して、学んだ訳ですか。

白川　麦が西の方から入って来ます。麦が先に入っとるかと思います。米はおそらく後でしょう。

梅原　殷の盛時にはもう既に米は入ってる。

白川　稲作を取り入れて大勢力になった訳ですね。しかし殷という国はそんな大統一の王朝ではありません、その時代のことだから。要するに氏族勢力を統合したというだけ。そして要所要所に自分の王子を分遣して、分子《ぶんし》封建《ほうけん》というやり方をして、統治のための政治力を得ておった訳でしょう。だから、各部族が不満を持ってバラバラになると、すぐ崩れてしまうんです。いわゆる国家というものではないんです。

梅原　そこでやっぱり神がどうしても要った訳ですね。

白川　そうそう、絶対神がなければ統一が出来んのです。

梅原　生産形態は農業。稲作であったり、粟であったり、そして牧畜であったり、色々している。

白川　色々であるけれどもね、非常に経営的な水田耕作をやった跡はあるんです。

梅原　字からいえばどうですかね。

田《デン》
た・たつくる・かり

白川　例えば「田」という字、もっと区画が多くて、条理的な形に書かれている。灌漑《かんがい》をやるんでなければ、こんな整地の必要はない訳です。

梅原　米というのはどこから来ますかね。

白川　米はおそらく屈家嶺文化から来ておる。武漢三鎮《ぶかんさんちん》辺りから。あれよりもう少し西南辺りがその起源地ではないかと思いますけどね。ビルマの方まで行くのかは、ちょっと解らない。

梅原　厳文明さんの、「長江中流」というのが大体考古学の定説になりかかっていますが。

再び長江中流——屈家嶺文化

白川　それは屈家嶺文化を起源とみるという見方ですね。
　ところがこの屈家嶺文化を支配しとったのは、実は僕は苗族だと思う。苗族は昔、大変文化が高かった。力も強かった。だから中国の神話は殆ど苗族から起こっとるんです。「伏羲《ふくぎ》・女《じょ》媧《か》*22」というのが苗族の神で、彼らは今でも伏羲・女媧の歌を六十首ぐらい伝承しとる。伏羲・女媧というのは、天地創造のいちばんの神さまです。それから重黎《ちょうれい》*23神話、天地開闢《てんちかいびゃく》の説話というのがあります。それから槃瓠《ばんこ》*24説話というのがありますね、黄帝《こうてい》が犬戎《けんじゅう》と争うて、どうしても勝てんもんだから、敵将の首を獲る者には我が娘を与えると約束した。ところが、黄帝の番犬

洪《こう》水《ずい》神《しん》の御《み》正《しょう》体《たい》

男神・女神一対の思想と、魚と、龍と。

中国の神話は系統化出来ない。
しかし部族の信奉した神々の系譜は、
辿ることが出来る。
伏羲《ふくぎ》・女媧《じょか》は南人《なんじん》の洪水神、共工《きょうこう》は羌の、
禹《う》は夏《か》の……そうやはり洪水神。
即ち治水の神は、
その部族の守護神。
そして守護神の御姿は、
必ず異形。

伏羲・女媧の図（漢画像石）。兄妹と思われるこの二人は魚身、或いは龍を表わす〝尾〟を互いに絡ませている。手に持つのは定規とコンパス。

「人面魚身」の怪物。『山海経《せんがいきょう》』より。こちらは最も有名な夏《か》の祖先神「禹」の御姿に似る？　禹は熊にも化身し、治水を行った。

が一夜姿を消して、その首をくわえて帰って来た。約束であるからというので、やむを得ず黄帝は自分の娘を与えた。その犬は娘を背中に乗せて山深く入っていって、その子孫が蕃衍《はんえん》したものが苗族であると。これがいわゆる槃瓠説話ですが、今でも祭の時には匍匐《ほふく》して口でものを食うんです。だから中国の主な神話は殆ど南方系なんです。

梅原　それは面白いですね。

黄河の神——洪水神・共工

白川　そして洪水説話で争うとるのが黄河流域の神ですね。これは洪水神[*25]として争う形をとる。

梅原　禹《う》[*26]の跡は長江の方がよっぽど残ってるでしょう。長江の至る所に伝説があるんですよ。

白川　禹は最後の洪水神であったからね、それで全国的に禹が信奉されるようになったんです。それまでに羌人《きょうじん》[*27]の洪水神・共工《きょうこう》[*28]とか、色んな洪水神が居るんです。

梅原　面白いですね。この間少数民族の所に行って来ましたけどね、中国の少数民族は古代の智恵を全部保存している。だからヨーロッパ人が少数民族を民俗学で理解するのとは違うんで、中国では少数民族を研究することによって、歴史書にも書かれてない古代の歴史がそのままそこに見えてくるという風に私は思いますけどね。私がアイヌのことに興味を持ったのはね、アイヌに縄文時代以来の色んな智恵が全部残されているからです。それと同じように、中国の少数民族も実に面白いんですよ。

白川　中国でも今、そういう少数民族の調査をする機関があって色々やったり、民俗学的な仕事もやる人がありましてね、洪水神の伏義・女媧の伝承なんかはそれで採取した訳です。

梅原　洪水神は禹だけみていても、だめなんですね。各々の部族の洪水神をみないと……

白川　そうですね、中国という国は根こそぎに滅ぼしてしまうというやり方はしなくて、領域内、版図《はんと》内に入れれば、その文化圏に入れれば、朝貢国とか服属とかいう形で包摂《ほうせつ》する、抱え込むというような寛容度がありますね。それで各部族の持っていた洪水神話が残されています。

梅原　よく残して来ましたね、伝承を。

サイとホコ――「存在」、キヨめられたもの

梅原　「才《サイ》」というのは、ホコと考えてよろしいですか。

白川　そうです……ただなかなか複雑です。「才」の元の字は「」。木を立てまして、この木を立てるというのは柱を立てるとか、或いは「柴刺《しばさ》し*29」をするとか、神を呼ぶ方法で

𢦏《サイ》
きずつく

𠙵と𢦏のものがたり案内図《あないず》

𠙵の誕生と成長と……

※図中の手書き文字は、白川静の手による。「サイ」を説明する際のメモから採った。

𠙵をまもる

吉——𠙵の上にマサカリの刃を置いて𠙵をまもる。

吾——「五」は木を交叉して蓋としたもの。

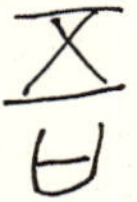

古——「十」は楯の形。永く𠙵をまもる意。

*𠙵の上に置くもの即ち蓋となるもので、意味に変化がある。マサカリを置く「吉」は、目出度いもの。例を挙げると、「結」ぶという字は「吉」より生まれた。

𠙵をこわす

害——把手のある大きな針で𠙵を突く。

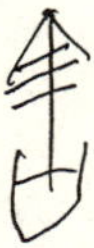

舎——害と同じく針を用いて𠙵を破壊する意であるが、その後に捨てる意となる。

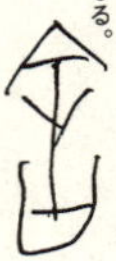

*害も舎も、今の字では𠙵を突けない。「害」、「舎」と針が𠙵まで届かなくては𠙵をこわすことは出来ない。

𠙵の誕生

「𢦏」から生まれた「𠙵」

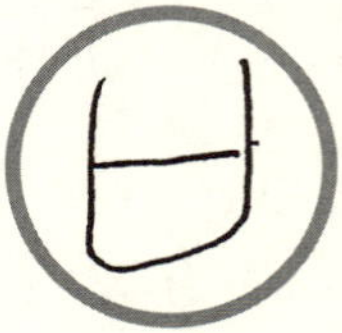

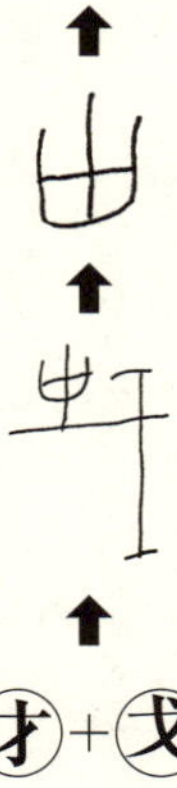

[サイ] 𠙵
神への申し文・祝詞を入れる器。

[サイ]
𠙵を固定した形。

[サイ] 𢦏
もののはじめの意。キヨメ・ハラエの呪具・ホコ。

才＋戈

戈 カ（クヮ） ほこ

才 サイ・ザイ あり・しるし・たち・はたらき

ホコでキヨメる

在——才の下に土饅頭。

存——才の下に生子（うぶご）。

戴——𢦏の下に異形の姿（異人・鬼）。

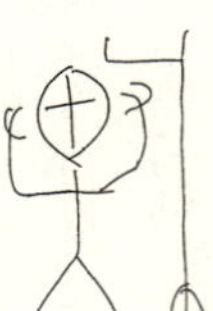

戯——「戈」で虎を打つ形。虎の頭飾りをつけた者が台に乗っている。ワザヲギ（俳優）と思われる。「戯」から「劇」が生まれた。

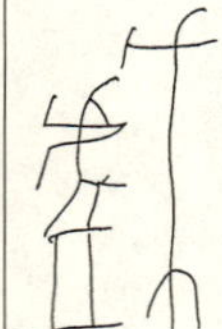

神へ問う

言――𠙵に辛(はり)を添えている形。神に告げ祈る。辛は、神への誓いを破れば、入墨の刑を受けてもいいという意。

神

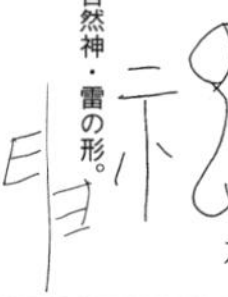

祀――自然神・蛇の形。

神――自然神・雷の形。

祭――祖先神。卓の上に手で神への捧げ物を置く形。

兄――𠙵を捧げる。

祝――神の気配を感じ取り恍惚となる。

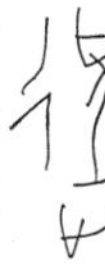

遅――神に祈る、強い呪力を持って祈る。

神に捧げる

可――𠙵を捧げ、木の枝で𠙵を叩き、願事成就(ねぎごとじょうじゅ)を強く祈る。

歌――可を上下に二つ重ねた形(「哥」)が最初の「うた」の字。後に「欠」(大きく口をあけた人)が付いて現在の歌となる。

神が答える

音――「言」の𠙵の中に神の意が入っている。その神意は音で告げられる。

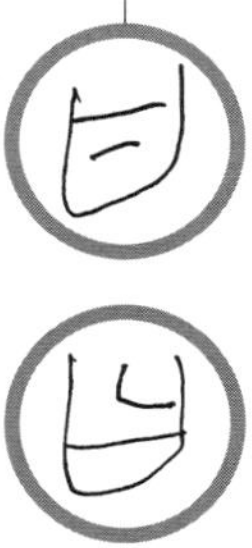

もう一つの𠙵

曰――𠙵の中に神の音づれ(気配)がある形。

*曰には、𠙵の蓋をこじあけて、中をのぞこうとしている形がある。

𠙵と呪鎮

書――曰の上に交叉した木をたくさん置き、そこに土を掛け、お守りの札を散らしている。「書」は境界に呪鎮として用いられた。即ち土の中に埋められた呪具であった。

𠙵とマツリ

史――内祭。𠙵を木の枝に付け、それを手に持ち神に捧げる形。

吏――外祭。「史」が一本の木の枝に𠙵を付けたのに対し、こちらは二叉の木の枝に𠙵を付けた形。外に出るため「ニンベン」を付けると「使」者の意になる。

事――「吏」に同じ。ただ二叉の木に、呪飾の幡や吹き流しを付け、風流化し、氏族の目印とした形。

𠙵と人

聖――耳の大きな人の傍に𠙵。

若――神がかった女性・巫女が𠙵を持って舞う。

神と出会う

啓――神の坐す戸棚をひらく。

𠙵と死

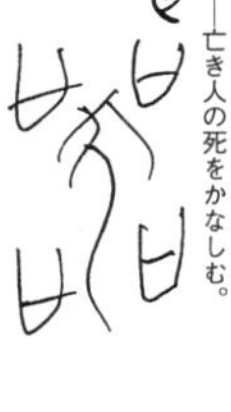

器――殯(もがり)の席で、犬の血によってキヨめられた𠙵を多く並べ、祈る。

哭――亡き人に対してなき哀しむ。

哀――亡き人の死をかなしむ。

すから、大変意味が深い訳ですが、この縦横の木の結び目にね、祝詞《のりと》を入れた器つまり「𠙵（サイ）」をくっ付けるのです。ここは神聖なる場所であるぞ、この空間は神聖な場所であるぞ、という風にね。これが「中」という字のいちばん元の形です。それがだんだんふくらみをなくして「十」となる訳です。現在の「才」です。ここに土まんじゅうを置くと、「存在」の「在」になるんです。ここに人が住めば、「存」になる。「存在」というのは、神聖化された土地と人、という意味。単にある、というのではなくてね。神によって「祝福されたるもの」、「清められたるもの」というような意味です。

梅原 私は西洋哲学でいちばんよく読んだのがマルティン・ハイデッガーの『存在と時間』ですが、「存在」にそういう意味があるとしたら、大変面白いです。

白川 だからものを聖化する時には、みなこの「十」を付けるんです。この「十」がもう一つのホコを表わす「戈（カ）」の上にひっ付くと、それが「𢦏（さい）」。これもホコです。
これが総てものの初めであるから、もし衣を裁つのであるならば裁縫の「裁」になるし、車であるならば「載」になる。この「載」というのは、「おこなう」というのが本当の意味です。「載行」というように。

梅原 「歳」という字はそこから出て来ますか。

白川 「歳」はこの字でないんです。これはマサカリのようなものがあって、この「戉」の所に「あゆむ」つまり「歩」が入っとるんです。それがこの字になる。元は犠牲を用いる祭儀の名です。

歳〔歳〕　サイ　とし・まつり・もくせい

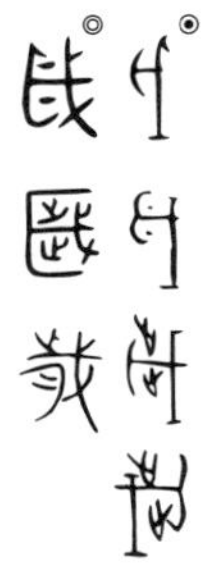

玉の文化——琮・璧・鉞

梅原　私は良渚へ行って見たんですけど、良渚の玉《ぎょく》は素晴らしいんですよ、私はやっぱりあれは中国一だと思いますね。

白川　彫りがきれいですね。

梅原　素晴らしいんです。芸術的に素晴らしいです。京セラの稲盛和夫《いなもりかずお》さんと行ったんですけどね、稲盛さんは、玉を平らにするのは大変難しい研磨の技術で、京セラでも大変苦労したんだと。そういう技術が五千年前にあったんで、稲盛さんは驚嘆してたんですよ。

そしてまた素晴らしい細かい細工がある。肉眼では殆ど見えないが、見事に文様が描かれている。

白川　細い線でしょ、ねえ。西周の甲骨文にもあります。

梅原　面白いのはね、こういうのがありましてね、外から見ると明らかに不透明なんです。しかし中に光をあてると、バッと光が出るんです。

白川　中で光が屈折するんですかね。

梅原　こうして光を入れるとバッとこう、光が出るんです。そういうようなものがあった文化っていうのはものすごく進んでるんじゃないか、非常に高度な文化があったんじゃないかと思いますね。樋口隆康《ひぐちたかやす》先生は、良渚遺跡から出て来るものを見ると、青銅器文明の前に玉器文明があったということがいえるのではないかとおっしゃってました。

白川　鏡にもそんなのがありますよ。光の具合で透明になってしまう鏡なんです。

梅原　そこでいちばん大切な玉器がね、三つあるというんです。一つは「琮《そう》＊30」と、それから「璧《へき》＊31」と、「鉞《えつ》＊32」。この三つが今出てるんです。良渚の墓の一部を発掘しただけで出て来たんですけど、全部を発掘したら何が出て来るか解らない。良渚というのはものすごく洗練された文化だっていうのが解りますけど、この「琮」は何か意味があるのでしょうか。

白川　「琮」は何に使ったのか、大地の祭に使ったものでしょうけどね。後にはあんまり使うてないんじゃないかな。

梅原　そうですか。この「鉞」はずっとありますね。

白川　「鉞」はずっとあります、王の儀器としてね。玉座にね、儀器として、その刃部をどんと置いたんですよ。それが「王」という字です。

梅原　もう一つ、「璧」ですね。あれは何の形でしょうか。

白川　ぐるっと円くなっている玉を中心として、墓の中にね、屍体のそれぞれの部所を決めて置いてありますから、復活を祈って何かお祭の時にも使い、呪器としても使う、というものであったんでしょうけどね。

梅原　地元の考古学者の説明ではね、「琮」はですね、精神的な価値を示す、「璧」はお金、経済的価値を示す、「鉞」は武力、軍事的価値を示す、こう説明してくれましたけどね。

白川　林巳奈夫《はやしみなお》さん*33が色んな玉の研究をして書いておられる。礼器として後の書に出て来るんですよ、色んな書物にね。出て来るんだけどもね、その本来の意味は解らんものが多い。

梅原　孔子は玉器は最高の礼器と言ってるでしょ。

白川　玉帛《ぎょくはく》ですね、「環《かん》」*34などは「還」、復生の呪器であった。

青銅器の文化――呪鎮

梅原　それから先生、殷の文化の特徴――青銅器と文字ですね。まず青銅器をどう考えたらいいのか。

白川　青銅器はね、本来は、私は呪鎮《じゅちん》であったんではないかと思う。それはね、あの殷の青銅器でね、鐃《どう》*35っていう、青銅器があるんですよ。大きな、吊鐘の形ですわ。それを逆様にする。

そしてね、地中に二つ並べて、口を上にして江南《こうなん》の地に埋めてある。これは他からは出ない。そして全部地下からしか出ない。それも墓でも何でもない所。重いものは約七十キロありますからね。こんなもの、持ち上げて振って鳴らしたりということは、とても出来ん。だからこれは初めから呪鎮ですね。

こういうものが揚子江を渡った、江南の要所要所にね、或る程度の間隔で埋められている。これはおそらく、南方族に対する呪鎮であったろうと思う。丁度これに対抗するような形でね、銅鼓《どうこ》*36が出て来るんだ。

梅原 ああ、そうですか。

白川 銅鼓というのは大体、土に埋めてある。これは農耕儀礼にも使ったかも知れませんけどね。

梅原 楽器ではないんですかね。

白川 うん、本来は楽器です。これを木にぶら下げますからね、（紙に銅鼓の絵を書く）これが銅鼓ですが、これをね、ここのとこに鐶《かん》*37があって、木にぶら下げてこの上を敲《たた》くんです。だからこれを敲く「敿」という字がある。

これは底がないんですよ。非常に大きいもので、これを打つと、物凄く遠くまで音が聞こえるんです。それで、苗族は殆ど山に住んでいますからね、こちらの山から向こうの山に合図する時にね、これを敲くんです。

梅原　そうですか。

白川　だから彼らはお祭にも使うし、それからそういう風な通信用にも使いますけれども、またこうして地下に埋めてね、呪鎮にも使う。丁度先の鐃に対抗するような形でね、この銅鼓が、やはり江南に出て来る。

梅原　そうですか。青銅器文化は世界的なものだけど、ああいう形の青銅器はね、中国だけですね。これはどう考えたらいいのでしょう。

白川　実生活というよりは、お祭に使う、祭器ですね。祭器であり、呪器である訳ですね。それで、あの先の苗族のおる武陵山脈《ぶりょうさんみゃく》、『桃花源記《とうかげんき》』*38の武陵山脈ね、あの武陵山脈に向かい合うようなこっちの山裾にね、やっぱり青銅器が、非常に立派なものが出て来るんです。これはもう類例がないくらいのね、立派なものが出て来るんですがね。

梅原　それはやっぱり、殷墟《いんきょ》に出て来るのとは違うでしょ、性質が。

白川　違いますね。それはね、例えば、四羊犠尊《しようぎそん》というね、方尊、四角い尊でね、その四隅に羊の頭がそれぞれ飾ってある。これは普通は、こんな繁縟《はんじょく》なものはありません。四羊犠方尊。*39

それから、大きな方鼎《ほうてい》*40の器腹の各面に人の顔が大きく表出されている、人面方鼎ね、これが

ね、ちょっと見ると、苗族の顔でないかと思うんです。中原系《ちゅうげん》*41ではない。
そういう風なものがね、山の斜面に埋めてある。そこには、お祭をするような空間はない。山の裾の、山の斜面の所にね、埋めこんである。それで、斜面が崩れた時にね、たまたま現われるんですね。

梅原　銅鐸《どうたく》*42に似てますね。

白川　ああ、銅鐸に似ている。しかし銅鐸もね、僕はやはり呪鎮であったんではないかと思う。あれも、山の斜面にぎっしり詰めたりしてね。だからそれは丁度、それと対抗線にある勢力に対する、呪鎮というようなものであったんではないかと思いますね。

梅原　やはりその、今の銅器でもですね、まあ殷墟に出て来る、墓から出て来るのとですね、やっぱりそのああいう湖南省の、まあ楚《そ》の国だなあ、そこから、土中から出て来るのとは大分違う訳ですね。
この間行って来ましたけどね、四川省に出て来るの、これもまた違いますね。三星堆の、目玉の開いた、非常に奇妙なものがいっぱい出て来ましたけどね、本来、同じ銅器でも文化によってやっぱり違って来ますね。

白川　そうそう、三星堆の南側の彭山《ほうざん》という、丁度そこの山の中からもね、素晴らしい銅器が出て来る。

梅原　そうですね。

白川　で、これはやっぱり三星堆の勢力を意識した呪鎮であった、と僕は思う。それから、オルドス*43の方にもね、呂梁山脈《りょりょうさんみゃく》の中にそれがある。それから遼寧省《りょうねいしょう》。そこにも、山の上に孤竹《こちく》君《くん》*44の竹の図象をもつ器があるんです。これは私がこの前、遼寧に行った時にね、遼寧の博物館で出土の時の写真を見せてもらいました。

呪鎮と稲作――土器と銅器

梅原　銅器の呪鎮というのは、どう考えたらいいのでしょうか。

白川　本来は、青銅器は呪器として使われるということが、主要な目的であったと思いますね。それで文様が、単にお祭をするというようなものではなくて、呪鎮としての霊的な威力が付与されなければならんからね、それにふさわしいような文様として、饕餮《とうてつ》*45とか、虺龍《きりゅう》*46とか、夔《き》鳳《ほう》*47とか、ああいう風な文様が出て来る。これは皆、霊獣です。

梅原　そうですね。

白川　僕は銅器の文様については一般の考古学者と違った考え方を持っていて、饕餮というのはトラ、饕餮文はトラの両開きに展開した形であると思う。

呪鎮

境に埋められた青銅器。

それは例えば楽器。
それは例えば酒器。
それは例えば食器。
ところが大きい。
大き過ぎる。なぜ？
それは、例えば、
山の中にポツンと姿を現わす。
ひとりぼっち。
それは、境にいて、魔を祓う呪具。
境界の神。

虎食人卣《こしょくじんゆう》（次ページ）
殷晩期～西周初期
高／三五・七センチメートル
口径／一七・四センチメートル
泉屋博古館蔵

人面方鼎
殷
高／三八・五センチメートル
口辺／二三・七センチメートル（縦）、二九・八センチメートル（横）
湖南省博物館蔵
鋳出された〝顔〟から異族、〝南人〟が想像される。

卣 ユウ（イウ）

かつての名は「乳虎卣《にゅうこゆう》」という。虎が人間の乳飲み子を育てるという伝承にのっとって付けられた。〝子〟の顔・手・髪型に南人の特徴がある。

銅鼓《どうこ》

それは……それは
大きな太陽でした。

土の中から生まれる、太陽。
蛙が春を告げる。
それは何?
南《みなみ》の人の呪具・楽器。
大きいおおきい、
楽しいたのしい。

四蛙銅鼓《しあどうこ》
六朝時代
高/五一・八センチメートル。
重/五五・三キログラム。
泉屋博古館蔵
その大きさは、正に大太鼓である。薄手の作りは反響がやさしい。

元々饕餮という言葉が、苗族の言葉で「於兎《おと》」、トラを意味するんです。饕餮という言葉自体変な言葉でね、文字も漢字の体系には当てはまらない。だからこれは苗族の言葉が残ったものではないかと思う。北方ではトラのことを「於兎」といわずに「虎」というんです。

梅原　北京大学の厳文明先生の解釈もトラですね。それからトラと鳥とはやはり繋がってますね。饕餮の脚は鳥の脚だと思います。

私が気になるのは、殷の銅器の形ですけどね、この形が、良渚の土器の形に非常に似てるんです。中国に銅が入って来たのは、やっぱりメソポタミアの方からでしょうか？

白川　銅ですか？　銅はまあ中国の色んな所から出て来ておるからね。銅質がかなり違います。

梅原　違いますか。やはり鼎・豆《とう》[*48]・壺[*49]が非常に多いんですけどね、鼎や豆・壺が多いというのは良渚文明で土器であったものが、何かこう、精錬を覚えて銅になったような、そんな気がします。まあ精錬の方法はやはり西から来たんでしょうね、そこのところは非常に面白いところですけどね。

白川　そうですね、外部からの関係というとね、シベリアの方のスキタイ文化[*50]ぐらいですけれども、やはり中国の方が古いでしょう。

梅原　ああ、そうですか。中国で産んだという風にみた方がいいですか、精錬も。

白川　そうだと思いますね。鄭州《ていしゅう》の二里岡《にりこう》[*51]の銅器なんか、いちばん古いものはね、本当に薄い

饕《とう》餮《てつ》文とは？
虎、それとも、神の御顔？

その目、睨んで、みせまするぅ。内側に寄った目の意味は？羊角《ようかく》は？
とてつもなく偉大なる神がいた。その神を畏れ祀る人々がいた。

その御正体《みしょうたい》——
青銅器に、
多く施される地
文・雷文は、
その謎に迫る？
楚は饕餮の住む
国とされた。

饕餮夔鳳文方尊
（栄子尊）部分。
白鶴美術館蔵
（三四ページ参照）

ブリキみたいなものが、いちばん初期のものです。そのようなものがね、よそから来たとは思えんからね。

梅原 それ、いつ頃でしょうか？

白川 殷の中期。

梅原 殷の中期ですか。文字を作ったのと青銅器を作ったのと、時代的にはどうなりますか？夏にも青銅器があったという説があるんですが、どうですか。

白川 文字よりも青銅器の方が早いです。夏のものだという主張の青銅器もありますけれどもね、確かではありません。

梅原 そうですか。

白川 やっぱり鄭州のものがいちばん古いと思う。あれ以前の古い形のものはちょっと考えにくいですね。鄭州の城外からそれらしい工房も出て来ているしね、鄭州がいちばん古いと思う。それにね、文化の段階的なことからいいますとね、鄭州のものでも、殷墟の安陽《あんよう》*52出土のものと繋がらないのです、あんまり隔たり過ぎて。だから僕は、その間にもう二段階ぐらい置かなければね、安陽の文化に連ならんと思う。しかしこれは遺跡がね、おそらくまだ発見されておらんのだろうと思います。

梅原 上海に夏のものというのがありますが、ちょっと疑わしいですね。

白川　それはね、文字がないからね、夏のものという証明は出来ないのです。考古学的にはね、彩陶土器の文化層が下の方にあって、その上に龍山文化があってということになっているのでね、龍山文化の下だから夏の文化であるという風に決めているけれどもね。だから時期段階をいうとすれば、夏王朝とはいわずに、土器文化の上で彩陶文化というのならば、問題ない訳です。

編集部　青銅器というのは、最初に出来た時というのは金色に、黄金に輝いてるものなんですか？

白川　出来た時にはね、出来た時にはやはり青銅色だろうと思う。だけどもこれは混合の仕方によってね、例えば錫分《すずぶん》が多ければ銀色になるし、銅分が多ければ赤くなってしまうし、だから成分によりますわね。

編集部　殷の青銅器に刻された文字についてお聞きしたいのですが、実は殷の時代の銅器にはまだ殆ど文字と呼べるものはなく、図象*53としてある、そして図象はイコール漢字ではないと、つまり図象から漢字へ移行したのではないと……。

白川　図象を文章の中に使った例はないからね。つまり図象と漢字は別のものとして使っていて、図象は文字の体系の中に入ってはいない。

梅原　では、文字が出来たというのはどういうことでしょうか。

白川　やはり占いの際に、神さまとの交通の関係を示す必要があったからということですね。例えばね、占いの内容が実現したというような場合には、そのことも書いて、朱を塗り込んで保存するという手続きを行って、占いの実証性を証明した。それによって王の神聖性を確認することが出来たのです。

梅原　銅器も人間と神の関係で出来たのでしょうか。

白川　そうです。銅器もあの形態の祭器を通じて、先祖と交通するという意味がある。

梅原　先生、文字によってですね、殷の農業の在り方というのは解りませんでしょうかね。

白川　うん、農業の在り方というのはね。

編集部　梅原先生は稲作と養蚕の起源を探ってらっしゃるので、それを、漢字から解き明かせないかと……

梅原　麦なんてのはああいう漢字を書きますね、あんなのはどこから来たのか。

白川　あれは足で踏むから足をひっ付けたと言うんですけどね。麦はわりに早く入っとるんでないかと思いますね。周の祖先の后稷《こうしょく》*54というのがね、やっぱり農業神ということになっておって、嘉禾《かか》即ち良い作物の種を得たという伝説がある。禾はおそらく麦であろうと思う。周は西の方から興った国ですからね、だから周がもしそうい

麦［麥］《バク》《むぎ》

う麦の文化を早くから持っておったとすれば、麦は西から来たということが考えられる訳ですけどね。

漢字の日本的変容——百済人の発明・訓読

梅原　では先生、今の漢字文化ですけど、漢字文化が日本に入って来て、まあ色んな読み方がされるんですね。そういう、その漢字文化の日本的変容というのはどう考えられてますか。

白川　うん、これはね、随分難しい問題ですよね。

梅原　『字訓』のテーマですね。

白川　大体ね、訓読みをするのは日本人だけです。ベトナムも漢字は使っていたけれども、漢音のままで使う。朝鮮の方も、漢字は入って来たけれども、あれ全部音読です。訓読がないんです。

梅原　そうですね。

白川　ただ、仮名を振る、仮名を送るという、そのやり方は新羅《しらぎ》の郷歌《きょうか》*55という讃仏歌《さんぶつか》にありますわね。土田杏村《つちだきょうそん》が、日本の短歌形式はあれから出たという議論をしたんですよ。

それから百済《くだら》の方では郷札《きょうさつ》*56とか、吏読《りと》*57とかいう、やはり宣命式《せんみょうしき》*58の振り仮名をする。しかしそれでも漢字は音読みです。訓読みはないのです、全部。だから音読みするからね、どうしてもイディオムで読んでしまう。三字、四字、ぶっ続けの句としてね、読んでしまう。それに、何々「は」という時には、何々「亦（イ）」という主語を表わす助詞を入れるという風にしてね、読むのです。ところが、おそらく、百済の人が日本に来て、日本語と漢字との関係ということからですね、百済読み出来ん訳ですね。日本では、全部音読してしまうか、分解して読むか、という以外にないのです。百済的な手法が取れん訳ですね。

日本へ来た人たちが、まだ日本の人では文字はもちろん使えませんから、彼らが皆、「史《ふひと》」としてね、かなり後まで、文章のことは全部彼らがやっておった。日本人は参加していませんからね。だから、彼らが漢語にも通じ、日本語にも通じ、それを折衷してね、日本語に適合する方法として、読むとすれば日本語読み、訓読ですね、これを入れる他にない訳です。だから、本当の訓読を発明したのは、僕は百済人だと思う。

梅原　そうでしょうね。

白川　それで、日本にやって来ても、帰化しているから、「史」ですね、この「史」が何代も、その職を継いでいますね。だから、例えば応仁朝にやって来た百済人の子孫が、雄略《ゆうりゃく》朝にあの稲荷山《いなりやま》や江田船山《えたふなやま》の鉄剣銘を書いていますわね。あれなんか、日本式の漢文です。古い資料を見てみると、それで朝鮮式の語法も入っとるんです。

朝鮮の漢文というのは、ちょっと癖がありましてね。例えば「八月に」という時に、「八月中」と書く。それから、「何々死せり」という場合に、それでもう終わりの言葉は要らんのですけどね、文末に「之」を付ける。そこに「之」を付けるような漢文はないのです。ところがそういうね、百済式漢文の癖があるのですね。この百済式漢文の癖が、推古《すいこ》朝のものであるとか、それから、初期の色んな文章に残っている。例えば近年、太安麻呂《おおのやすまろ》の墓碑が出ましたわね、あれにやはりそれが付いとる。「中」と「之」が付いとる。

梅原　そうですね。

白川　あれは百済人が書いているのに違いないんです。だからね、日本人が漢文に習熟したというのはよほど特殊な場合か、或いは律令制が近付いた時、これはまあ、全国的にね、木簡で色々、通達や記録をせんなりませんからね。だから、そういう書記官の養成が必要であっただろうと思う。その時に、日本人が学習を始める。それで近江朝の頃には、貴族階級の中でも、漢詩文もね、下手ながら作ることになった。もちろん立派なものは作ってませんよ。『懐風《かいふう》藻《そう》』*59なんか見ても、やっぱり天武《てんむ》以後にならなければね。

白川静ノート
三千三百年前へ赴く。

写す、うつす。書く、かく。その時「白川静」は″今″にいない。殷の時代・安陽の都に赴いて、一人の呪者となり、神に問うている。

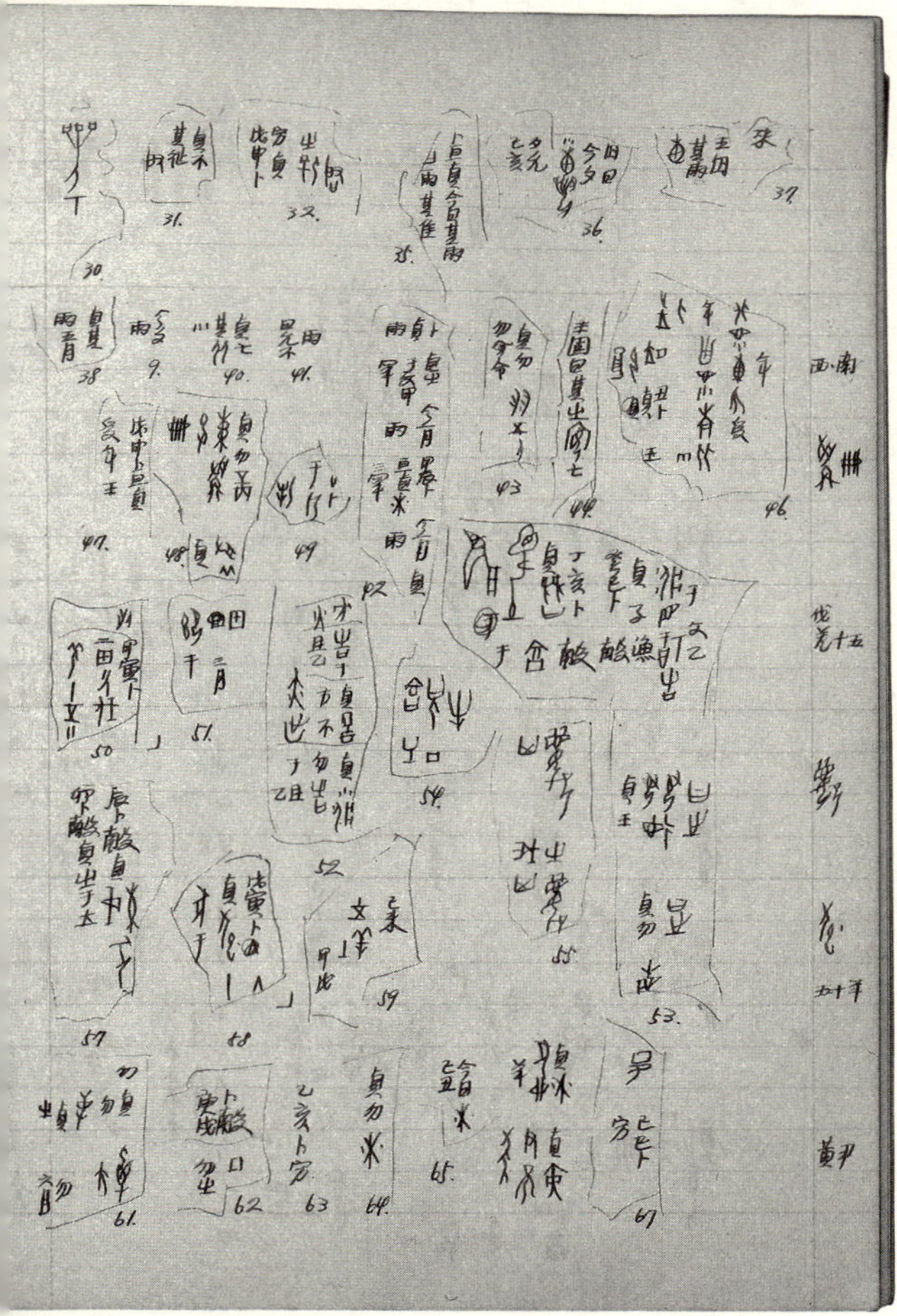

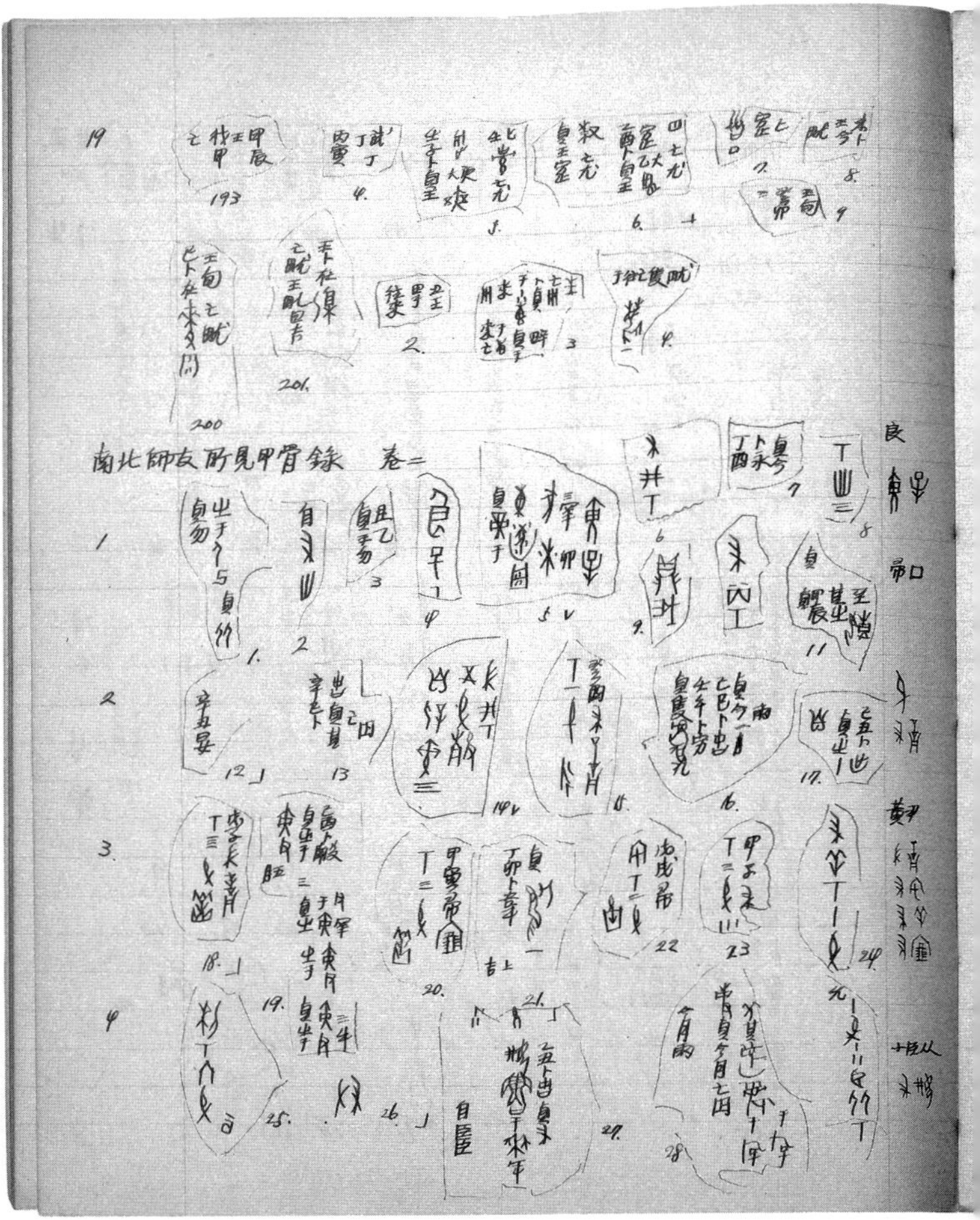
南北師友所見甲骨錄　巻二

和文調の漢文読み――「和語」を生かす

梅原 私の仕事と繋がって来るんですけどね、人麻呂歌集もね、初期のものは、漢文調なんですよ。

白川 うん。

梅原 で、だんだんとですね、人麻呂歌集の中で、後期に行けば行くほど、「てにをは」が増えているんですわ。まだ言葉が出来てないんですが、人麻呂のような人たちが作っていった、この過程が解るんです。

白川 そうです、うん。

梅原 それでしかも、呉音と漢音と両方でしょ。

白川 時代音がね、みな入りますからね。

梅原 ええ、こんなものないですよね、どこにも。日本だけですよね。

白川 朝鮮音も入りますしね。『日本書紀』の仮名なんかにはね。

梅原 非常に複雑な言語体系が出来た訳ですよね。

白川 そうですね、ええ。だけどそういう中でね、日本文の骨格というものが出来てくる訳ですから、初めから単純なものだったらね、おそらく進化も発展もないだろうと思いますね。色んな要素が入って来て、そういう中でだんだん統一的な、標準的なという風なものを志向していって、そして新しい文体になってくる訳ですから、初めから完成された文字とか文体とかね、そんなものはあり得ない訳です。

梅原　やはり丁度、律令制が出来た頃、人麻呂が活躍した頃ですね。その頃に日本語表記の文章というものも出来たと私には思われますけどね。それが、『古事記』であり、『日本書紀』となり、また『万葉集』となり、という形で残っている。

白川　『万葉』の後は百年ぐらい、漢詩文ばっかりの時代がありますからね。

梅原　ああ、そうですね。

白川　うん、「国風暗黒時代」という（笑）。

梅原　次の時代が、これはまた女流文学の時代になりますからね。

白川　ところがあの漢文がね、今の我々の漢文読みの漢文の読み方でなしにね、極めて和文調の読み方なんです。大変むつかしい。

これはヲコト点[*60]なんかでね、回復された読みが、今、行われておる訳ですから。例えば、『日本書紀』や律令なんかでもね、岩波の「思想大系」に入ってますが、あれには古い訓読法を復活した読み方が付けてある訳ですがね、いわゆる漢文読みというものとはかなり遠い。

梅原　遠いですか。
白川　うん。やはりあの、和語をうんと活かしたね。
梅原　そうでしょうね。
白川　音読をなるべく避けるという読み方をしておる。
梅原　ああ、そうですか。
白川　例えば『日本書紀』一書のイザナミの命[*61]の言葉、「妍哉《あなにゑや》可愛《え》少男《をとこ》を」のように訓む。
梅原　それはず〜っと今まで、『日本書紀』を読み進めることによって伝わって来た訳ですね。
白川　そうです。
梅原　伝統的に。
白川　そうです。弘仁《こうにん》期の漢詩文なんかも、みなそういう古い読み方で伝わって来てますからね。菅公の詩[*62]は「東《とさま》に行《ゆ》き、西《こうさま》に行き、雲眇眇《くもはるばる》」のように訓《よ》む。だから、我々が自由にね、今の読み方で読む訳にいかんのです。
梅原　だから、宣長が『古事記伝』を書く時にですね、そういう、「日本書紀読み」をですね、使ってそれを一層もっと和文化した、そういう読みになってる訳ですね。
白川　そうそう。だから稗田阿礼《ひえだのあれ》[*63]がね、あの『古事記』を誦習したというのは、やはりね、その読み方を伝えておったんでないかと思いますね。

梅原　そうですね。

白川　もし、『古事記』なら「古事記の原本」というようなものがあったとすればね、そういう読み方を伝えておったんではないかと。

梅原　私はもうやる暇はないと思うんですけど、日本語の研究するんだったらね、アイヌ語をやらねばならない。アイヌ語は縄文語の名残りですからね。琉球語にも縄文語は多少残ってますけど、アイヌ語はもっとはっきり残ってますからね。これを研究したらね、先生のような仕事が出来ると思うんですけどね。これはまた後の人に任せるしか仕様がないですね。日本をやるんだったら、もうアイヌ語の研究なしでは絶対駄目、というところがあります。

白川　外国語も割に入ってますからなあ。『古事記』の「神武紀《じんむき》」に出て来る「ええしやごしや」「ああしやごしや」*64、あの歌は古いはやしことばですが、しかしあれのいちばん初めに出て来る「宇陀《うだ》の高城《たかき》に」という、あの「高城」の「城」は朝鮮語ですわな。

梅原　ああ、そうです、朝鮮語も入っています。それは単語として入っていますが、動詞などは殆どアイヌ語起源のものです。だから古代日本語を研究するには、古代朝鮮語と、古代アイヌ語とやらんといかん。その二つをやらねばね、日本語の画期的な研究は不可能です。朝鮮語とアイヌ語と両方やる人いませんからね。しかしこれからおそらく、学者としてはこれをやらんならん、という気がしますね。

白川　朝鮮語は割に入ってますね。「小山（コムレ）」とは小さい山のこと。「コ」と「ムレ」とを合わせて読んだ合成語です。

孔子・葬送の徒——墨子・工人集団

梅原　話は変わりますけど、先生の『孔子伝』、孔子が巫女《みこ》の私生児というのはショッキングな説ですね、あれは。

白川　そうですか（笑）。あなたのお株を奪うたような。

梅原　文字の解釈も驚きが多いですけどね。孔子の解釈はまたギョッとしましたね。

白川　いやあれはね、孔子というのはね、あまりにも偶像化されて、『史記』*65の時代にはね、もう完全に偶像化されていますからね。儒教が国教にもなっておったし。だけどもね、孔子の名前がだいいち変ですね。（紙に書きながら）名は丘《きゅう》、字《あざな》は仲尼《ちゅうじ》。「仲」というのはこれ、「伯《はく》・仲《ちゅう》・叔《しゅく》・季《き》」*66やからね、周の命名法です。これがね、尼山《じざん》に祈って生まれたからね、名を「丘」として、字にこの「尼」を採ったという風に考えられている訳ですね。だから尼山に祈って生まれたということは、これではっきりする。

梅原　そうですね。

白川　うん、伝説でもこれは一応認めておる訳ですね。ところがね、孔子の弟子の弟子ぐらいの時代に出来た、『礼記《らいき》』*67の中のね、「檀弓《だんぐう》」とか、「曲礼《きょくらい》」とかいうようなのはね、『礼記』の中でもわりに古い、漢に入る前に出来ておるんですが、その中にね、孔子が自分の父母の墓の在り場所を知らなかったという話が書いてある。これはね、孔子が家柄の子ではないということです。

梅原　ああ、家柄の子は父母の墓の在り処《あか》をみんな知ってる訳ですか。

白川　家柄だったら、そりゃあねえ、家の先祖の祭をしているはずです。

梅原　中国は先祖の祭を大切にしている。

白川　しかもね、父と母との墓がね、別々であったという。これはね、れっきとした家庭ではないということですわな。それで孔子がね、これを一緒にしたいと思うて、墓を築き直して合葬した。ところが、大雨が降ってね、墓が崩れてしまった。これはね、墓というのは、再築出来んのです。それで孔子が泫然《げんぜん》として涙を流して泣いたということがね、「檀弓」の中には書いてある。

梅原　そうですか。とすると孔子は家柄が良くないことになる。

白川　そういうことから考えるとね。

梅原　それに注目されたのは先生だけですか。

白川　そうですよ。みなお話だと思っている。

梅原　それ、私の『隠された十字架』みたいなものですねえ（笑）。

白川　そうだよ。

梅原　ああ、そうですか、そこから発想が来たんですか。

白川　そうそう。それから孔子がね、あなたは非常に多能である、と人に誉められるんですよ。そうするとね、「我少《わか》き時、賤しかりき」、わしは非常に下賤な身分であった、「故に鄙事《ひじ》に多能なり」、とね。「君子は、多《た》ならんや、多ならざるなり」と、君子がそんなに多芸であるということは無いのである、と孔子は嘆くように言っているのです。

梅原　それは、それも『礼記』ですか。

白川　『論語』の中にある。

梅原　『論語』の中。ああ、そうですか。

白川　『論語』の中、「子罕《しかん》」篇に。これは孔子の言葉としてある。

梅原　それと『礼記』と合わせると……

白川　そう、そうなると『史記』の孔子の伝は崩れてしまう（笑）。

梅原　ああ。それは、『法然の哀しみ』にもそういうことがあるんですよ。法然はね、自分は辺境の土民とかね、烏帽子《えぼし》も被れぬ身分と言いますかね、烏帽子は平民ならだれでも被れますから、烏帽子被れぬというのはね、これはやっぱり、何らかの意味で差別された階級の出身と考えられますね。そういうとこから私は『法然の哀しみ』を書いたんですけどね。

　そういうのが『孔子伝』とほんとに似とるんですなあ（笑）。

白川　まあ、儒教がああいう国教というような非常に権威のあるものになったからね、やはり、教祖としての装いを付け加えるということになって来ますわね。

梅原　元のままの方がいいんじゃないですか。

白川　やはり本当の姿の方が良い。

梅原　やっぱり、イエス・キリストも、親知らずでしょ。父なし児みたいな。そして、最低の貧困の階級の父なし児。

白川　孔子と同じ時代の墨子[68]がね、孔子のことをよく書いとるんです。それもまともに孔子と呼ばずにね、孔某と称しておる。

梅原　ほーう。

白川　いくらか見下げた言い方でね。

梅原　やっぱり家柄故ですか。

白川　いや、魯《ろ》[69]の国でね、みだりに反乱を起こして国を追放されたとかね、彼は結局革命者であったけれども、こっちから見たら謀反人《むほんにん》ですわな。

梅原　家柄は関係ないですか。

白川　いや、家柄でなしにね、墨家とは活動の仕方が違う。社会の秩序をね、積極的に創るというのではなくて、むしろ破壊しようとしとるというて、墨子は非難しとるのです。

梅原　そうですか。

白川　それで、墨子自身は一種の共同体みたいな工作者の集団でしたからね。彼らは、集団性の強い職能者であった。これは本当はね、墨刑を受けた、刑罰を受けた刑務所の連中ですよ、今で言えば。

梅原　墨子は。ほーう。

白川　それが、王宮とか、或いは大きな神殿とか、そういう風な所にね、部属として使われておる。そういう集団が、自分たちの属していた貴族階級が崩壊した後に独立して、共同体的な組織で活動している。だから、墨子の立場から見ればね、身分階層を重んずるというような孔子はね、もう目の敵《かたき》なんですよ。

梅原　ほう。

白川　だから、孔子に対してはね、非常に厳しい批判をしておる。

梅原　そうでしょうね。

白川　そういう面から見ていくとね、儒教の在り方が良く解る。彼らは金持ちの葬式があると、嬉々として喜び勇んでね、集まって来るではないか、というて非難する。

一同　（笑）

白川　孔子は葬式屋であった訳ですよ。

梅原　ほう。

白川　葬式屋と言うたらおかしいけれども、儒教の文献で、『礼記』四十九篇のうちの大部分はね、葬式の儀礼なんですよ。葬祭なんです。

梅原　そうですね。

白川　それを儒教が担当しておった。それで、墨子集団は、一種の工人集団であった。あの、「ものづくり」です。

梅原　墨子は「ものづくり」ですか。そして孔子は葬式屋であると。

白川　ところで「ものづくり大学」というのはあなたが命名されたの？

編集部　ああ、「ものつくり大学」の。

梅原　私が付けたんです。最初、「職人大学」と仮に言っていたんですが、「職人大学」より「ものつくり」の方がいいと思いまして。「職人大学」は古いって言って、「ものつくり」だ、日本の国はものつくり国家だと。

白川　永六輔《えいろくすけ》さんと話されたのを、読みましたよ。

梅原　そうですか。「ものつくり」という名称は私が作ったんですけどね、良い言葉だと思っているんですよ。

墨子自身やっぱり「ものつくり」集団ですから。そこでやっぱり仁愛[70]なんてな、愛が。

白川　儒教の場合が仁愛ですね。しかし、墨家は兼愛[71]とか尚同《しょうどう》とか、丁度儒教と丸反対の立場ですね。

梅原　階級を認めん、と。縦の階級制を。

白川　縦の階級は認めない。認めないけれど、我々は賤民だという考えがあるから、社会に言う時にはね、世の権力者には「王公大人《おうこうたいじん》」という言葉を使うとる。これはちょっと嫌がらせみたいな言葉ですけれどもね。王公大人はこうおっしゃるが、我々は、と、こういう風にやる訳だね。

梅原　孔子は出は卑しいくせに王公に仕えとるということになるなあ。王公というか秩序というか。

白川　しかし孔子自身は、革命者であった。

梅原　しかし、先生の孔子論は儒教の伝統を否定するような考え方ですね（笑）。やっぱり、大変ショッキングな考えですね。『論語』なんか読むと、今まで非常に理性的に解釈されて来たでしょ、そういう解釈がひっくり返って来る訳ですね。

白川　そうです。

梅原　やっぱり神さまが中心になって来る。

白川　いや、もっと人間臭い人です。親しめる人ですよ。

梅原　ああ。

白川　なかなか、やんちゃなところもある。うん。

梅原　そうですか。

白川　あれに「光背を付ける」ということはね、ちょっと無理なように思う。

梅原　どういうとこが人間臭いですか。

白川　それはだいいちね、あんまり徒党を作らなかった。教祖として振る舞わなかった。

梅原　そうですか。弟子は何人かおった訳でしょ。

白川　弟子は、晩年は多かったでしょう。しかし長い間放浪しますね、あの時にず〜っと付いてったのはもう、ごく三、四人です、高弟は。それで、行く先々でね、塾を開くような格好でね、弟子をとってますけどもね。彼の本当の弟子というのはそれぐらい。

　それと自分で聖と称したことはもちろんありませんし、人から言われた時にはね、必ずそれを否定しておるし。

そして、例えばね、人間としていちばん良い在り方はどういう生き方か、と訊ねるとね、孔子はね、理念的には中庸《ちゅうよう》の人間がいちばんよろしい。中庸がよろしいが、しかしどんな場合でもね、中庸を失わんという、そんな人間はおらんのです。

それで、その次にはどんなのがよろしいかというと、孔子はね、「狂狷《きょうけん》」の徒がよろしいと言うておる。「狂」というのは、進みて取る人。「狷」というのはね、死んでも決してそんなことはしませんというほどのね、潔癖性の人間。

梅原 それは「中」と反対ですわなあ。

白川 狂狷の徒がよろしい、と言うんです。それでね、智恵者がよろしいとは言うておらんのですよ。

梅原 しかし、詩人なんてのはやっぱり狂狷の徒ですよ。

白川 そうですね。

梅原 狂狷の徒じゃなくてはね、詩人、文学者にはなれませんよ。

白川 大体ね、左右に振子運動しなければ進めんのです、ものは。（身振りしながら）こうやらんとねえ、進めない。ロケットでない限りはな（笑）。

梅原 そういう人が面白い人間じゃないですかね。孔子自身も、自分を狂狷の徒と思ったでしょうか。

白川　自分でそう思うとるに違いない。そりゃあ彼はね、何遍もクーデターをやっとるんだ。それに失敗して、斉《せい》[*72]の国に逃げたり、或いは衛《えい》や宋《そう》、陳《ちん》・蔡《さい》から楚《そ》にまで逃げたりしとるんです。

梅原　そうするとやっぱり、失敗した革命家ですね。

白川　それで晩年の、いちばん大事な時にね、十数年も流浪して。帰って来て安穏であったのはわずか数年ですよ。

梅原　つまり失敗した革命家なんですよね。

白川　そうそう。まあ理想主義者であった訳です。

梅原　巫女の私生児で、そして失敗した革命家となると、もう正に狂狷ですね。

白川　だからね、孔子を悟った人間にしたらあかんのですわ（笑）。

梅原　我々に近くなりましたな。ちょっと書きたくなりますねえ、それは（笑）。

編集部　居を定めず流浪する、というところにまた魅力があるんでしょうかね。

白川　いや、彼は追放されたの。追放されたからね、仮に人が殺してもね、刑法上の対象にならん。

編集部　孔子を殺しても？

白川　ああ。殺す者罪なし、というのが亡命者の運命であった。

蘇東坡と陶淵明――「白川静」は三人？

梅原　先生は、中国史の中に登場する人物では、誰がいちばんお好きですかね。

白川　一人だけですか。ず〜っと歴史的にみていって……

梅原　ええ。

白川　やっぱり、蘇東坡《そとうば》*73かな。

梅原　蘇東坡ですか。ああ。どういうところでしょうかね。

白川　彼はね、非常に才能もあり、正しいことを言うとるんだけれどもねえ、何遍も失脚してね、海南島《かいなんとう》まで流されたりして、死ぬような目に遭《お》うて、それでも知らん顔してね、すぐれた詩を作り、文章を書き、書画を楽しんでおった。

梅原　ああ、そこがいいんですか。陶淵明《とうえんめい》*74はどうですか、陶淵明は。

白川　陶淵明はね、ちょっと悟り過ぎ。詩はいいですよ。

梅原　ああ、詩はいいですね。

白川　詩はいい。詩はいいけどもね、生き方としてはね、ちょっと悟り過ぎだしね。晩年どうしとったんか解らん。四十ぐらいまでは詩で解りますけどね、あと死ぬまで二十数年ですが、何しとったんかね、よう解らん。まあ、世に隠れておった訳でしょうね。

梅原　今度先生の本読んで、先生はね、隠れた詩人だと僕は思ったなあ。だからね、先生の文にはどこか解りにくいところがあるんだな。やっぱり詩のようにね、ちょっとこう独自の文体ですよ。ちょっと気負った文章なんですよ、先生のはね（笑）。

白川　（笑）

梅原　洒落た文章なんですよ。最後はちょっとねえ、わざと解らないようにしてるんですよ。言葉の深い意味を捉えて、それを抑えて表面には出さずに文章を書く。先生は詩人だと思ったなあ。文章が美しいんだよ。

白川　三（散）ぐらいでしょ（笑）。

編集部　四（詩）人じゃなくて、三（散）人ぐらい（笑）。

梅原　いやあ、先生は三より上の四、やっぱり詩人ですよ（笑）。

立命館と高橋和巳――『捨子物語』と「六朝期の文学論」

編集部　結局白川先生は、そういう不遇の境地にありながら、何かを、もうそんなこと関係ないやという感じでやってらっしゃる方がお好きみたいですね。

梅原　先生は孔子も結構好きなんですよ（笑）。『孔子伝』には何か深い思いが入っとるよ。当時の立命のこと考えるとね……

しかし先生ぐらいの方はみんなもう亡くなっちまって、ねえ。先生だけですわ。

白川先生は、立命館に居られた時はなあ、もう、すごかったんや。

編集部　それはそれはすごかった。或る人たちにとっては恐い先生で、畏《こわ》い人であったと思います。

白川　こんなに優しいのは居らんよ（笑）。よう学生連れて相撲のテレビ見に行ったし。

編集部　ああ、お相撲お好きで。

白川　うん、若い時はな。で、研究室に居る連中連れてね。そこらにテレビがなかったからね、だから、イノダかどっかにコーヒーでも飲みに行ってね、あそこらにあるからね、それでみんなで一時間ほど遊びに行くのや（笑）。優しい先生であったのじゃ。

梅原　私らに対しても優しかったですよ。

白川　（笑）

梅原　よく教授会で喧嘩するとな、また梅原吠えよってな、言うて（笑）。

白川先生・谷岡（武雄）先生には、かばってもらったよ、うん。哲学科以外ではもう、先生二人がいちばんの私の理解者だった。

編集部　難しい時代にいらっしゃいましたからねえ。その中で、高橋和巳《たかはしかずみ》＊75のあの有名な言葉じゃないですけど、よくあそこでお勉強が、お仕事が出来たと思います。

梅原　やっぱり超越しとったんやろな。超越してましたよね、先生。

編集部　そういう環境にあって、なお泰然としてというか。

梅原　マルクス主義者の群れなす中で超然としてたよ。

白川　まあ、後には教室以外、教授会も出ずにね、僕は部屋に居った。在室出席ということで。

梅原　（笑）。しかし、教授会出られてたですよ。

白川　後にはね。在室出席。まあ、面白かったね、しかし。

梅原　面白かったですよ。結構僕は喜んでますよ。この間も立命館総長の長田《ながた》豊臣《とよおみ》君が頼みに来て、講演に行きましてね、もう立命館と和解は済んだというてね、長田君と握手して帰ったんですけどね。結構やっぱりあの時代に私の学問の基礎が出来た。自由なことやれました。京大に居たらあんな自由なこと、出来なかったと思う。

白川　まあ、学校という所はそういう所でなければならんのやけどな、本来はね。

梅原　先生の研究室行くとね、こんな眼鏡かけて、甲骨文読んどるんや（笑）。

白川　そんな恐い顔してないよ（笑）。

梅原　お茶出して頂いたんですよ。

編集部　やっぱりちゃんと覚えてらっしゃいます、お茶を出して頂いたこと。みんな、それが自慢です。

梅原　時々聞きに行くとねえ、お茶を出して下さってね。

しかしまあ、異彩を放ってたね。あの全共闘の学生運動の時も、先生の研究室だけは押し寄せなんだ。やっぱりあそこは、先生のとこだけは、恐くて、聖地みたいな呪力があるんですわ（笑）。高橋和巳があの一文を書いた理由がよく解る。

彼はあの頃、立命の中国文学に居ったんや。それで、高橋が講義しとる途中にな、ちょっと用事あるっていうって出て行ってな、それで飲み屋で一杯やっとるんや（笑）。それで生徒は放ってけぼりや。そういうことが問題になってな、色々高橋がいじめられてな。で、先生や僕がかばったんや、高橋を。高橋はいい才能だったのに惜しいことをしましたね。

白川　大分勝手なことしよったけど。だけどまあねえ、いい才能やったからなあ、うん。

梅原　吉川幸次郎さんが高橋がかわいくて京大へ呼んだ。元《げん》の時代に小説が出来たが、それは学者が機を作って小説を書いた。学問しなかったら小説も出来ない。高橋も小説書いたがやがて学問に帰って来るだろうと思って京大の教授にしとったんだけど、学問に帰って来る気がないんだよ、高橋には（笑）。

やっぱり一生小説家としてやりたかったんや。その辺にねえ、吉川さんの期待と、高橋の意志とこうギャップがある。それで結局高橋を潰してしまったような気がするな。東京に放っとけば、あんなことにはならなかったような気がする。吉川さんの高橋への深い愛情が高橋を潰したような気がする。

編集部　吉川先生の気持が、高橋和巳を追い詰めた……

梅原　やっぱり学者になるには、小説家は止《や》めんならんと。本当の学者になれない。しかしまあ、いい人がいましたねえ。

白川　そう、面白かった。

梅原　面白かった。

編集部　才能のある方がたくさんいらっしゃった。

白川　うん。しかし高橋の、採用の資料に『捨子物語《すてごものがたり》』を持って来て。あれはまあ読みづらい小説でねえ、弱ったなあ（笑）。

編集部　ああ、そうですか。先生が……

梅原　『捨子物語』は高橋のいちばん最初の作品です。

編集部　それを審査されたんですか。

白川　あれ資料にする訳にはいかんからなあ。

編集部　作品としてはどうでしたか。

白川　あれは小説の文体でないなあ（笑）、そもそも。
梅原　甚だ、或る意味で、拙劣《せつれつ》だ。それは『悲《ひ》の器《うつわ》』でも、文章として決していい文章ではない。やっぱりそういう、何かなあ、人生を柔らかく捉える、そういう感受性が欠けてるな。やっぱり小説でも理詰めの……特にその、男女関係が書けなんだ。作家は男女関係書けんとね。彼は書けなんだ。
白川　論文は良かったよ。それで四人向こうから送って来た中で、僕は高橋君を選んだ。
梅原　ああ、それ先生が選んだんですか。そうですか。
編集部　四人の中のお一人を論文で。
白川　うん。
梅原　そうですか。私が高橋の存在を知ったのは、『立命館文学』*76にね、色々こう、思想の動向が書いてありましてね、それの論文を見てね、すごい文章書くなと。年寄りかと思ったな。だけど、書いてあることはね、非常に斬新なんですよ。けど文字の使い方見ると年寄りなんですよ。だから、若いか年寄りか解らないんですね。そしたらそれが高橋だった。やっぱりちょっと、キラキラしてましたよ、その頃から、才能は。それはやっぱり大したもんだ。
白川　だけど、小説には向かん（笑）。
編集部　向かんといいますと、どういう風に……（笑）。

梅原　『邪宗門《じゃしゅうもん》』がいちばんいいんですけどね。
白川　うん。あの『邪宗門』を書き出した時にね、あれ「朝日ジャーナル」に連載が決まってからね、辞めたいと言い出して。
梅原　ああ、そうですか。
白川　後々ね、大丈夫か、って言うて、それで半年ぐらい給料出すことにしようというてね（笑）。
梅原　ああ、そうですか。どうもありがとうございました。
編集部　先生がそういう計らいをされて。
白川　それで、もう先生にはならんというて東京に行ってね、明治大学へ（笑）。
編集部　そうなんですか（笑）。
梅原　まあそれは文学の先生だから。それでまた吉川さんに京都に戻ってくれって言われて
……
編集部　論文は良かったんですよね。その論文の内容は……どんな論文だったんですか。
白川　論文はね、六朝《りくちょう》期＊77の文学論だったけどね、やっぱりそういう理論的な文章のものは鋭かったね。まあ、従来の支那学《しながく》がそもそもね、土臭いからな（笑）。
梅原　新鮮だったですね。

白川　ええ。

梅原　非常に新鮮だった、彼は。

白川　だからね、これで気風が変わるかなあと思うていた。

梅原　ああ、先生が採られたんですか。

白川　うん。

梅原　ああ、そうか。

白川　そやけど、逃げられちゃった（笑）。

編集部　逃げられちゃった、って（笑）。せっかく論文で認めて頂いたのに……

梅原　高橋を立命に入れたのは吉川先生かと思ってた。吉川先生から頼まれたんだと今まで思ってた。

編集部　四人の中から、その六朝期の文学の論文で採られたと。

梅原　まあそういうね、京大からちょっとはみ出したね、そういう、非常に新鮮な才能を採ってたね、立命は。

編集部　梅原先生と似てますね（笑）。

梅原　僕も京大じゃ成績良かったんだけどね。素行が悪くてね（笑）。
僕が立命に行けたのは近所に居られた、立命の哲学の山元一郎《やまもといちろう》*78先生のおかげなんです。「闇のパトス」という論文を書いてね、それを山元先生の所へ持って行った。二十五歳でした。

白川　そうですか。うちはわりに給料良かったからねえ。

梅原　そう、良かった良かった。それもあって非常勤でもいいから何とか時間もらえんかって思い詰めてね、「山元先生、時間下さい」って言った。無茶苦茶だわなあ（笑）。で、論文持って来いって言われて、論文持って行ったらねえ、『闇のパトス』持って行ったらね、そしたら、あの論文面白かった、「暗闇の丑松《うしまつ》」が書いたような論文だって言ってね（笑）。そいで非常勤で採ってくれましてね。二年経ったら、今度は常勤で来んかって言うから行ったら、給料倍になりました。

白川　（笑）

梅原　それで安心立命《あんじんりつめい》致しました（笑）。奈良本《ならもと》（辰也《たつや》）*79さんはさっぱりしてましたね。

白川　そうそう。うん。面白い人やった。

編集部　奈良本先生は、結局、大学へは戻られませんでしたね。

梅原　林屋《はやしや》（辰三郎《たつさぶろう》）*80さんも居たよ。当時の立命は素晴らしかった。

長生の術——百二十歳の道

白川 近頃は目が疲れてねえ、もう夜はあんまり読めん。

梅原 僕も何とかして、先生の歳までどうしても頑張らないかんと思っています。先生、百二十ぐらいまで生きて仕事をして下さい。そしたら、私も頑張って百二十まで仕事をする。

白川 (笑)

梅原 先生を先例として生きますから。

白川 二人で長生きしますか(笑)。

梅原 長生きしますわ。けど、先生が先例を示してくれないと。百二十になっても現役だ、と示さんと。

日本画の秋野《あきの》不矩《ふく》先生も九十越えてますが(対談当時)、現役バリバリです。確か、先生と一つ違い……

白川 僕、九十一。

梅原 秋野先生は九十二歳です。

白川 ああ、そうですか。

梅原　秋野先生も、九十なってからますます絵が良くなって来たんです。

白川　そうですか。

梅原　そりゃあやっぱり、畏《おそろ》しい人ですわ。あの人、欲のない人でね。ほんと仙人みたいな人ですけどね、仙人みたいな人はすごいですよ。

白川　女の方でねえ。

梅原　で、今でもインドへ行くんですよ。

白川　あ、そうですか。

梅原　数年前にも一人で行ったって。

白川　はー。墨子のところで触れましたが、今度の「ものつくり大学」には、どのくらいおいでになる？

梅原　ひと月に二回です。

白川　月二回、そうですか。

梅原　まあやっぱり、ああいうことがあって、ちょっと頑張って、何とか少し名誉回復しましたから、完全に名誉回復するまでは居ってやろうと思ってます。

白川　うん。

梅原　次回は「孔子」で。そして墨子の「ものつくり」集団についてお話しして下さい。楽しみにしています。

（二〇〇一年五月六日　白川邸にて対談）

註

＊1——**橘曙覧**（一八一二〜一八六八）　幕末期の歌人。国学者として本居宣長の学を継いで尊王思想を説き、王政復古を支持。著書『志濃夫廼舎《しのぶのや》歌集』等。

＊2——**橋本左内**（一八三四〜一八五九）　幕末期の志士。福井藩医。緒方洪庵らに蘭学・医学を学び、藩の洋学を振興。一橋慶喜の将軍擁立に尽力するが、安政の大獄で斬首。

＊3——**アララギ**　一九〇八年創刊の短歌雑誌。伊藤左千夫、斎藤茂吉、島木赤彦らが参加。アララギ派は大正・昭和期を通じて歌壇の中心をなし、現在に至っている。

＊4——**橋本循**（一八九〇〜一九八八）　福井県今立郡国高村村国（現武生市）に生まれる。京都大学支那語学支那文学選科修了。著書『訳註楚辞』（一九三五　岩波書店）、『詩経国風』（一九六一　筑摩書房）等。

白川静『蘆北先生遺事《ろほくせんせいいじ》』にその人となりが描かれる。口数少なく、授業は他の教授が酒気を帯びて来るような時代に、真面目一方、淡々と講義をされたという。書画骨董を愛し、給与の大半をその趣味に注いだ。自らも文人として才を発揮、詩書画を試みた。

白川静は橋本循の立命館での最初の弟子である。この「せんせい」を白川静は、孔子と重ね合わせている。少し遠慮したもの言いで、「先生も、若干の狂疾《きょうしつ》をおもちのように、お見受けすることがあった」と記す。

戦後、洛中、西洞院高辻に四十数年住み、九十七歳で逝去。白川静は西洞院通を通るたびに、「昔はここを市電が走っておってね」と、懐かし気に、通りの昔を話してくれた。

ところで「蘆北先生」の「蘆北」とは――谷岡武雄の以下の文章に詳しい。

「橋本循先生の雅号、蘆北は、若いころ中国を巡遊されたので、おそらく廬山に魅せられた結果、その北麓に居を構えたいという願望を表現するものであろう。このように私は永年考え続けてきた。

この廬（蘆）山が、越前国の国府であった現、武生市の中で、駅の東側に見える村国山（二三八・九メートル）あたりをさすことを知ったのは、ずっと後年になってからである。先生が生を享けられた同市の村国地区は、古代条里制のみごとな遺構が展開する所で、ちょうど蘆山のすぐ北麓に位置している。これで雅号の由来がようやく納得できると思い、改めて先生にお尋ねしたところ、にこりとされただけである。おそらく中国と郷里との二つの廬（蘆）山を重ね合わせて雅号とされたのではなかろうか。」

（『立命館文学』第五一一号「橋本循先生追悼記念論集」「追憶蘆北橋本循先生」谷岡武雄）

＊5――**殷**　中国古代の王朝名。大乙（湯王）が夏王朝を滅ぼして建国したとされ（前十六世紀初め頃）、暴君といわれた紂王《ちゅうおう》が周の武王に敗れて滅びた（前一〇五〇年頃）。殷は青銅器と文字の使用が始まったことでも知られる。殷墟から出土した甲骨文字は現存最古の文字で

あり、卜占に用いられたものであることから卜文、卜辞と呼ばれる。

*6——**文身**　入墨のこと。ただ文身は刺青と違って、描くだけ。沿海民族の間に広く行われていた。日本では、この文身の俗は、現在進行形。赤子の誕生を祝うお宮参りでは、男の赤子の額には「大」、女の赤子の額には「小」と〝朱〟でシルす。

*7——**子安貝**　タカラガイ科に属する鹹水産《かんすいさん》の巻貝。女性器に似た形から妊婦が手に握っていると安産するといわれ、この名がある。

*8——**三星堆遺跡**　夏・殷と同時期に四川省の成都平原において発達した青銅器文明の遺跡。独自の特徴を持つ一方、中原の殷文明とも密接な関係をもっていた。

*9——**ヒエログリフ**　古代エジプトの象形文字。聖刻文字、神聖文字とも。極めて絵画的・具象的で、その記録性とともに装飾的効果も有する。またヒエログリフの行書体的なものとして、ヒエラティック（神官文字）が用いられた。宗教書・文学作品・科学書等にみられる。

*10——**デモティック**　民衆文字とも。ヒエログリフの草書体的なもので、前七世紀頃に現われた。宗教・文学の内容のものもあるが、法律上・商業上の契約文書が多い。

*11——**竹簡・木簡の時代**　戦国時代（前四五三〜前二二一）以降。竹簡は竹の豊富な楚などで用いられた。

*12——**生蕃**　台湾の先住民族のうち、漢族化しないものを指す語。「蕃」に侮蔑的な意を含むため、第二次大戦後は高山族と呼称を変えた。

*13——**城子崖（遺跡）**　山東省にある龍山文化の遺跡。上層と下層からなり、下層から黒陶が出

土。また牛や鹿の肩甲骨を用いた卜骨も出土している。

＊14──**夏**　中国古代の王朝名。紀元前二十一〜十七世紀頃。ただし文字資料などによる裏付けはない。治水に失敗した鯀《こん》の子・禹が、洪水を治めた功によって舜より帝位を譲られ建国したという。

＊15──**彩陶文化**　彩陶とは、土器に彩色した幾何学文・植物文・動物文をほどこしたもの。黄河中流域の仰韶文化で成立、発展した。

＊16──**龍山文化**　黄河中・下流域の新石器時代後期の文化。二系統の文化が知られる。うち黒陶を特徴とするものを山東の典型的龍山文化と呼ぶ。黒陶とは、狭義では、轆轤《ろくろ》で作る龍山文化のものを指す。もう一つは仰韶《ぎょうしょう》文化から変化した文化である。

＊17──**苗族**　漢水流域の武漢一帯で、中国で最初に水稲耕作を行ったと考えられている民族。南（銅鼓）と呼ばれる独特の楽器を有し、南人とも称された。現在も湖南省西部の山岳地帯に自治州があり、中国国内で約三〇〇万人の人口を持つ。因みに、彼らが殷人から見て南方に居住していたため、「南」が南方を意味するようになった。

＊18──**良渚遺跡長江下流域**　浙江省にある新石器文化後期〜末期の稲作文化遺跡。黒衣陶が特徴。黒衣陶とは、表面は研磨され漆黒色を呈し、内面は灰黄色の陶器である。その他種々の農具や琮・璧・鉞の玉器等も出土。ただ、どの部族の文明であったかは不明。

＊19──**彭頭山（遺跡）**　長江中流域、洞庭湖の西で一九八八年に発見された、紀元前七千年の稲作文化遺跡。同遺跡を標準とする彭頭山文化は、後の稲作文化に継承されていく。

＊20――大汶口（文化）　山東省の大汶口遺跡の墳墓群に代表される新石器時代文化。土器・石器とも龍山文化と共通する点が多く、龍山文化は大汶口文化を継承したものと考えられる。

＊21――屈家嶺文化　長江中流域、湖北省の屈家嶺遺跡を中心とする新石器時代文化。出土の紅色の焼土塊の表面に籾痕がみられ、水稲中心の農業の存在が確かめられる。

＊22――伏羲・女媧　中国の創世神話にみえる兄妹神。大洪水の時この二人だけが助かり、夫婦となって人類の祖となった。苗族の伝承がその起源とされる。伏羲は「庖羲」とも書かれる。庖とはヒサゴ（ひょうたん）のことで、女媧はこのヒサゴの中で洪水を免れたともいわれる。箱舟型の洪水説話である。

＊23――重黎　中国の開闢神話にみえる羌族の神。『書経（尚書）』「呂刑《りょけい》」では蚩尤《しゆう》が乱を起こし、苗民が虐をなすので、天帝が重黎に命じて天地を隔絶させたとされる。なお「呂刑」は姜《きょう》姓の呂国に伝わる神話を経典化したもので、ここからも苗族と羌族の対立が窺われる。

＊24――槃瓠　苗族の始祖神。元は黄帝の飼犬であったが、反乱鎮圧の褒美に黄帝の娘を娶った。自らの成長で天地を切り離したという開闢説話である「盤古《ばんこ》説話」とも関係があるとされる。

＊25――洪水神　中国では洪水を起こす神を慰撫するため、各部族が自らの信じる神を競って祀った。夏における禹、羌における共工、南における伏羲・女媧などがそれである。
　洪水説話は創世神話の最初のものである。人類にとって水は不可欠であり、取り分け水稲耕作を行う者にとっては大量に必要となる。そこで治水が最重要のテーマとなり、洪水

に纏わる説話が誕生した。

＊26――**禹**　夏王朝の始祖とされる伝説上の帝。元は魚形の神とされる。舜に登用され、大洪水を治めた。その功績によって舜について天子となった。最も有名な洪水神。

＊27――**羌人（羌族）**　河南西部から西の山陵地帯にわたって居住した牧羊族。姓は「姜」。洪水神の共工を至上神とした。「岳神」の子孫と称し、黄河南岸の嵩岳《すうがく》（山）を聖地とする。辮《べん》髪《ぱつ》の習俗を持ち、チベット系と考えられる。殷人には祭祀の犠牲とされたが、周とは通婚関係があった。

＊28――**共工**　羌族の奉じた龍形の洪水神。羌族は共工を帝、その子・句龍（后土）を大地の造神とした。しかし、他の部族からは治水に失敗した神とされ、夏の神話では、共工の失敗の後、禹が治水に成功したとされる。『荀子』「成相」は、禹と争って敗れたことを記す。

＊29――**柴刺し**　斎み籠《いご》もりに入るシルシに木を指し立てること。樹種は様々であるが、山から伐ってくる常緑の木が尊ばれた。神の依代《よりしろ》とされ、これによって神域を示し、悪霊から身を守った。

＊30――**琮**　四隅に天神を表わした人面を刻んだ、玉器の腕輪。前三世紀頃まで使われた。

＊31――**璧**　円形板状の玉器。最も古いものは龍山文化期にみられる。殷代以後、漢代に至るまで、殆ど変わらぬ形式のものが作られた。

＊32――**鉞**　儀器。手斧の先のような形の玉器。後にも長く作られ、前三世紀頃まで続く。

＊33――**林巳奈夫**（一九二五～二〇〇六）　神奈川県藤沢市に生まれる。京都大学で東洋考古学を

専攻。京大人文科学研究所教授を務めた後、人文研東方部主任となる（一九八三～一九八八）。玉研究の第一人者。青銅器の文様についても多くの論文をなす。『中国古玉の研究』（吉川弘文館）は玉の研究の集大成。また青銅器研究の集大成として『殷周時代青銅器紋様の研究―殷周青銅器綜覧』一、二、三がある。一は昭和五十九年京都で、二、三は、昭和六十一年東京で出版。合わせて吉川弘文館より刊行。林は饕餮《とうてつ》を、最も位の高い神と捉える。

＊34――**環**　死葬の時、その復活を願って死者の襟元に置く環状の呪器。多数の環形の玉器が殷墟から出土している。

＊35――**鐃**　殷の時代の軍事用のドラの類。非常に大型の鐃が湖南省寧郷など南方の異族と接する境界線から出土している。その付近からは四羊犠方尊も出土しており、これらは展望のいい場所に、異族神を威圧する目的で配置されたと考えられ、日本の銅鐸との共通点が指摘される。

＊36――**銅鼓**　苗族の銅鼓即ち「南」には、様々な文様が描かれている。例えば、春の訪れを表わす蛙の飾りや戦闘の場面などがみられ、それぞれ春耕儀礼や戦争において用いられたものであることが推測される。また、丁寧に地下に埋蔵されていたことから、異族に対する呪鎮の役割を担っていたと考えられる。因みに、「南」という文字は、銅鼓の象形文字である。

＊37――**鐶**　金属製の把手を指す。銅鼓の場合、器の上部両端に付いており、その鐶に紐を掛け、

上から吊したと推測される。

罠に循環するの意があり、玉を以てするを「環」、金を以てするを「鐶」という。

＊38――**『桃花源記』**　陶潜（淵明）著。武陵の漁人が山中にあった地上の楽園に至ったという話。この山中の楽園を桃源境（武陵桃源）という。陶狗といわれた陶侃《とうかん》の血を引く陶潜が苗族の生活をモデルにして書いたとされる。

＊39――**四羊犠方尊**　犠尊とは犠首と呼ばれる牛・羊等の草食動物を付けた酒器（尊）をいう。「方」は四角の意。「犠首」についてはおそらく〝神〟であろうとされるが、なぜ、草食動物なのか等、不明な点も多い。「四羊」は、四隅に羊を配しているための称。但し、この尊は非常に大型で、酒器と考えるには問題があり、おそらく呪鎮として用いられたと思われる。

＊40――**鼎**　中国古代の容器。一般には三本の脚と両耳を持ち、円底のものをいう。四角形のものを「方鼎」という。四方に人面を配した「人面方鼎」の〝顔〟は異族神とみられる。

＊41――**中原**　中国古代文化の中心で、漢民族発展の根拠地となった地域。黄河中下流域の平原を指す。洪水神を語るためには、この中原の理解が必要である。

＊42――**銅鐸**　弥生時代に祭祀に用いられたとされる青銅器。繁縟な文様を持つものが多い。突如山頂近くの斜面などに出土する。

＊43――**オルドス**　中国、内蒙古自治区南部の地域。黄河に囲まれた地域という意味で、西・北・東は黄河に、南は万里の長城によって囲まれている。古くから漢民族と北方の遊牧民族の

衝突が繰り返された地域であった。

＊44――孤竹君　遼西の国、孤竹国の王のこと。『史記』「伯夷列伝」は伯夷・叔斉を孤竹君の二子とする。

＊45――饕餮（文）　殷・周時代の青銅器等に表わされる、正面向きの怪獣面の展開文様。目と羊角を強調しているのが特徴。最も力ある〝神〟とされる。

＊46――虺龍（文）　虺を表現した殷・周青銅器の文様。虺とは足も角もない小型の蛇のこと。二匹の虺を左右対称に表わし、地文には、この文様に限らず雷文を施したものが多い。

＊47――夔鳳（文）　鳥頭で長身の怪獣を側面から見た形の殷・周青銅器の文様。夔とは一本足の物怪《もののけ》をいう。夔龍文から変化したものと考えられる。殷・周の青銅器の区別は地文を見るとよく解る。雷文一つをとってもその精緻さは殷器が圧倒している。

＊48――豆　中国における高坏《たかつき》の名称。木製や竹製のものもあったとされるが、遺物として出土するのは青銅製と陶製のものである。龍山文化期に陶製の豆が広まり、西周に入って青銅製のものが出現した。

＊49――壺　中国古代の盛酒器。頸が細く、比較的胴部が張っている。殷の時代に祭器としての壺が確立した。殷・周期の青銅器には壺の器形が多くみられる。

＊50――スキタイ文化　前七～前三世紀に黒海北岸から草原地帯を中心に成立した騎馬放牧民族の文化。史上最古の騎馬放牧文化の一つ。広義には、同時代に北方ユーラシアに広まった同様の騎馬放牧文化全般をいう。優れた武器と馬具、動物意匠の装飾美術に特色がある。

＊51――**二里岡**　河南省鄭州の南東にある、東西約一五〇〇メートル・南北約六〇〇メートルの丘。殷墟（小屯《しょうとん》）期に先行する殷代中期の遺跡が発見されている。

＊52――**安陽**　中国、河南省北部の都市。河北と中原を結ぶ交通の要地。北西部の小屯村を中心にして殷後期の遺跡群である殷墟があり、多くの人骨・銅器・甲骨などが出土している。

＊53――**図象**　殷では文字以前に、それぞれの氏族標識として鳥獣や社会的職能などを表象化したもの即ち〝図象〟があった。図象は、あくまで氏族のシンボルとしての「シルシ」であり、文字ではない。

西方から十二支などの知識が伝わり、外来の抽象概念を表現するという必要が生じ、このことが文字を創り出す契機になった。

＊54――**后稷**　周の始祖で、農業神とされる。生まれてすぐ棄てられたので、名を「棄」という。その母・姜嫄《きょうげん》が神の足跡を踏んで懐妊し、后稷を生んだという感生帝説話を持つ。この后稷の感生帝説話は、『詩経』「生民」で周族発祥の物語として歌われる。

人はどこから来たのか
そもそも姜嫄が
どうして人を生んだのか
よくお祓いをし祀り
不妊の患《うれえ》を除く
神のあしあとの拇《おやゆび》をふみ

どきりと息づくと
動きちぢかまりして
かくて生れかくて育った
これぞ后稷の君にいます
（後略）

（『詩経雅頌』2「大雅　生民の什　生民」白川静訳）

＊55――**郷歌**　新羅の歌謡の呼称。長形・短形がある。長形は在来の民謡が、讃仏（仏の功徳を讃える）歌や軍歌として改良されて確立されたもの。

＊56――**郷札**　漢字の音を借りた新羅語の表記法。郷歌を記すのに用いられた。

＊57――**吏読**　ハングル創案以前に発達した、漢字による朝鮮語表記法。漢字を朝鮮語の語順に並べ、助詞・語尾などの文法的部分をこれで記した。

＊58――**宣命式**　宣命書き。漢字の音訓を借り、自立語・語幹を大字で、付属語・活用語尾を小字で記す表記形式。宣命とは天皇の命令を国語で記した文書のこと。

＊59――**『懐風藻』**　一巻。現存する我が国最古の漢詩集。編者未詳。天智～奈良期の詩篇。渡来氏族などでない、一般の官人による和臭に満ちた作が多い。

＊60――**ヲコト点**　漢文訓読で漢字の読みを示すため、字の隅などにつけた点や線の符号。

＊61――**イザナミの命**　日本神話で、男神・イザナギの命とともに山川草木やそれらを司る諸神を創生した女神。火神・カグツチを生んだため、陰部（ホト）を焼かれて死んでしまう。

*62――**菅公の詩**　菅原道真の大宰府流謫時代の詩を集めた『菅家後集』所収の「詠楽天北窓《ほくそう》三友詩」。その訓みは、『江談抄』（第四　六十六）に、天神（菅公）が、菅公の子孫の夢に現われて教えたという説話があり、その話によって「東」を「とさま」、「西」を「こうさま」等と訓じている。『日本書紀』の「雄略紀」古訓にもみえる。

*63――**稗田阿礼**（生没年不詳）『古事記』編纂に関わった人物。天武天皇の命で「帝記」「旧辞」を誦習した。この人物については性別からして不明な点が多いが、「阿礼」の音、「アレ」が「みあれ」、即ち神の誕生を表わすことから、それに立ち会う巫女であったともいわれる。『古事記』は本質的に文字以前の神話であり、それ故神話をカタる巫女が編纂に関与したのであろう。

また稗田は「日吉田《ヒエダ》」であることから、近江・和邇《わに》を根拠地とし、日吉信仰を持って歩いた物語の伝承者・小野氏と関わる人物とされる。

*64――**「ああしやごしや」**　以下「神武紀」にある全歌詞を挙げておく。

宇陀《うだ》の　高城《たかき》に　鴫罠張《しぎわなは》る　我が待つや　鴫は障《さや》らず　いすくはし　くぢら障る
前妻《こなみ》が　肴乞《なこ》はさば　立柧棱《たちそば》の　実《み》の無けくを　こきしひゑね　後妻《うわなり》が　肴乞はさば
柃実《いちさかきみ》の多けくを　こきだひゑね　ええしやごしや　此《こ》は伊能碁布曾《いのごうぞ》。ああしやごし
や　此は嘲咲《あざわら》ふぞ。

（『日本古典文学大系』『古事記』中巻）

＊65――『史記』　司馬遷が書いた中国最初の通史。当時知られていた限りの歴史過程を総合的、体系的に著述している。王朝の編年史「本紀」と、諸侯の家の記録である「世家」、英雄豪傑から市井の庶民に到る個人の記録である「列伝」などから成る。このような形式を紀伝体という。『史記』以後、中国の正史は紀伝体で書くものとされた。

＊66――伯・仲・叔・季　周の用語法で、兄弟の序列を示す。名の上に冠して用い、例えば伯丁父・叔夷鐘のようにいう。殷では大・中・小で区別した。

＊67――『礼記』　中国古代の礼の規定及びその精神を雑記した書物。四十九篇。儒教の経典とされた。「記」は経典に対する補記の意。種々の書物を抜き書きした部分が多く、全体を通じた主張がある訳ではない。

＊68――墨子（前四七〇頃～前三九〇頃）　名は翟《てき》。中国、戦国時代の思想家。儒家とは一致する主張も少なくないが、こちらは礼楽を軽視し、勤労と節約を旨とする。兼愛説は有名。また神秘主義者であった。著書『墨子』。

＊69――魯　中国、春秋戦国時代に勢力をもった〝国〟の一。周王朝創設の大功臣・周公旦を始祖とし、山東省曲阜《きょくふ》に都をおいた。孔子の故郷でもある。

前七七〇年の周の洛陽への東遷から、前四五三年の晋の韓・魏・趙への分裂までを春秋時代、そこから前二二一年の秦の統一までを戦国時代という。

＊70――仁愛　儒家思想の最も重要な倫理、政治上の概念。親愛の意。

儒家は愛に差異を設けることを認め、身近なものへの愛から出発し、順次拡大してゆけば、最終的に人類愛へ到達すると考える。これに対し、墨子は家族愛と人類愛は必ずしも両立しないとして、仁愛は差別愛だと批判した。

＊71――**兼愛**　墨家の主張した思想。総ての人間を無差別に愛することを意味する。墨子は家族愛や愛国心といったエゴイズムを否定し、宗教の力によって人類愛の世界、争乱のない平和な世界を目指した。孟子はこの考えに対し、自分の親と他人の親とを区別しない禽獣《きんじゅう》の愛だと非難した。

＊72――**斉**　斉の他、衛・宋・陳・蔡・楚、いずれも魯と同じく春秋戦国時代に勢力を持った国。斉は姜姓の大公望・呂尚《りょしょう》に始まり、第十五代桓公は最初の覇者となる。戦国時代に入ると、陳から亡命し勢力を得ていた田氏《でん》が国を奪ったが、その後も栄え、戦国の七雄にも数えられた。都の臨淄《りんし》（山東省）は最大の都市として繁栄した。

衛は殷の旧都・朝歌に周公の弟が封建されたのに始まる国で、西周時代の大侯国であったが、春秋になると衰えた。

宋は殷の滅亡後、殷最後の王、紂王の兄が殷の故都・商邱《しょうきゅう》（河南省）に封ぜられたのに始まる。晋・楚の間に位置し、両国の圧迫に苦しんだ。

陳は前十一世紀末に周の武王が舜の子孫・嬀満《きまん》を河南の宛丘《えんきゅう》に封じたことに始まる。前七世紀以降は内乱や楚・斉・晋の圧迫に苦しみ、前五三一年に楚の霊王により滅ぼされた。その後いったん再興を許されたものの、前四七八年に再び滅ぼされた。

蔡も河南にあった国であるが、たびたび楚からの侵攻を受け、前五世紀には楚に滅ぼされた。

楚は殷代以来河南の南西部にあって、周とも対峙した。南方の雄として春秋戦国時代を通して大きな勢力を保ち、戦国の七雄にも数えられた。

＊73——**蘇東坡**（一〇三七〜一一〇一）名は軾《しょく》。北宋の詩人。父・蘇洵《そじゅん》、弟・蘇轍《そてつ》とともに「三蘇」と称せられる。流された海南島は当時未開の地で、苛酷な環境であった。作品に『赤壁賦』等。

＊74——**陶淵明**（三六五〜四二七）淵明は字。本名は潜《せん》。東晋から南朝宋の詩人。父の名を言わぬ「隠士《いんし》」の子として生まれた。母も早くに亡くなった。生活に密着した詩風で、自然を愛し田園生活を楽しんだ。作品に『陶淵明集』五巻、前出『桃花源記』等がある。

＊75——**高橋和巳**（一九三一〜一九七一）小説家、評論家、中国文学者。大阪市浪速区貝殻町に生まれる。立命館大学講師を経て、京大助教授となるが、のちに辞職。「あの有名な言葉」とは以下の一文である。

「立命館大学で中国学を研究されるS教授の研究室は、京都大学と紛争の期間をほぼ等しくする立命館大学の紛争の全期間中、全学封鎖の際も、研究室のある建物の一時的封鎖の際も、それまでと全く同様、午後十一時まで煌々と電気がついていて、地味な研究に励まれ続けていると聞く。団交ののちの疲れにも研究室にもどり、ある事件があってS教授が鉄パイプで頭を殴られた翌日も、やはり研究室には夜おそくまで蛍光がともった。内ゲバの予想に、対立する学生たちが深夜の校庭に陣取るとき、学生たちにはそのたった一つの部屋の窓明りが気になって仕方がない。その教授はもともと多弁の人ではなく、また学生達の諸党派のどれかに共感的な人でもない。しかし、その教授が団交の席に出席すれば、一瞬、雰囲気が変るという。無言の、しかし確かに存在する学問の威厳を学生が感じてしまうからだ。

たった一人の偉丈夫の存在が、その大学の、いや少なくともその学部の抗争の思想的次元を上におしあげるということもありうる。残念ながら文弱の私は、そのようではありえない。」

（『わが解体』河出書房新社　一九七一）

＊76――『立命館文学』昭和三十九年（一九六四）一月号と二月号「思想の動向」に、高橋和巳は「最近の日本文壇における『政治と文学』論について」と題する小文を書いている。その一部分の引用。

「私がこの紙面で与えられた課題は、昨年の半ばごろより、ふたたび蒸しかえされた現代日本文学における『政治と文学』論の経緯と整理であるが、私の専攻する中国文学の領域では、政治と文学のからみあいの問題は、漢代――西暦紀元前から、既にあった問題であり、そして文人たちの解決の仕方は、正しく〈目的経済〉的な方法だったのである。この事の詳細を十全に説きあかすためには別に一篇の論文を必要とするが、ごく簡単に言えば、元来が華麗な宮廷文学であった〈賦〉に政治的〈諷諫性〉が導入されねばならないとする要請が儒者側から起り、最初は実にぎこちなく、見えすいた型で行われ、しかし、やがて発想や形式それ自体に、それがとり込まれていった過程がその顕著な一例である。後漢の揚雄が『靡麗の賦、勧は百にして諷は一』といっているように司馬相如が孝成帝の道教への惑溺をいさめようとして作ったといわれる『大人の賦』にしても、その卓越は修辞の華麗さにあり、諷諫的言辞は末尾の蛇足にすぎなかった。しかし一方、枚叔の『七発』などは、美食や狩猟のたのしみから儒家的道徳にいたる七項目によって、アンニュイの底に沈む皇子をふるいたたせようとする〈賦〉の小説的な構想の内部に、つまりは文学的発想それ自体のうちに、すでに諷諫性を巧みにとりこもうとしている。文人たちのそうした努力は、実際政治上に対する効果としては多く徒労であったが、しかし、倡優《しょうゆう》と同一視されていた文人の社会的地位を、徐々に上昇させる有力な動因にはなったのである。

ある一つの作業がもつ当該社会内の位置は、その作業がすすんで担おうとする責任の幅に対応する。一見、意図的に不純さを含む〈目的経済〉志向は、照り返してその人間により幅広い責任性を要求し、そしてその責任に耐えた程度に準じて、歴史はそのものに、その責任に相応する位置をあたえるのである。文学内への政治性の導入は、最初ははなはだ功利的なものであったが、その見えすいた功利性を逆手にとられ、文人が政治的責任を問われ、多く悲運のうちに死んでゆく貴重な犠牲を通じて、『政治と文学』なるもののもつ本質的連関、普遍的問題が、後のものの担うべき課題として浮びあがってくるのである。

歴史とは概ね、かくなるものである。」

奥付の頁には『立命館文学』役員として、梅原猛・白川静・谷岡武雄・高橋和巳・内藤耕次郎・奈良本辰也・西川富雄・橋本循・林屋辰三郎・山元一郎・和田繁二郎等が名を連ねる。

＊77──**六朝**　中国で後漢滅亡後から隋による統一までの時期（三〜六世紀）、江南地域に興った呉・東晋・宋・斉・梁・陳の六つの王朝、もしくはその時代。

＊78──**山元一郎**（一九一〇〜一九七二）　鹿児島県始良《あいら》郡《ぐん》国分（現国分市）に生まれる。京都大学文学部哲学科卒。山元の故郷は神話の里。「始良」という変わった地名は、神武天皇の皇妃・吾《あ》平津《ひらつ》媛《ひめ》の誕生地故、その名から付けられたという。また国分は国府の所在地で、国分寺が置かれたことに由来。「海幸・山幸」の伝承の地でもある。

山元は哲学青年の憂鬱と薩摩隼人の快活を合わせ持っていた。一つの証言。

「一九六九年、大学全体を包みこんだ、いわゆる学園紛争は、舎監・山元一郎をも渦中に引きずり込まざるをえなかった。異常な高血圧症状は、その時におこったのであった。加えてなによりもショックであったのは、京都大学一年生として、やはり紛争にかかわらざるをえなかった次女・ふゆ子さんの死であった。彼女は、感性の豊かであることにおいて、父に似ていた。すでに高校時代から、カフカ、ドストエフスキー、ショウペンハウアー、キエルケゴール等々になじんでいた彼女は、とうぜんながら、父の書斎をものぞいていたらしい。父の『ニイチエ』や『ミケランジェロの怖れ』は、つとに読了していたことであろう。そのような娘を、父は、ひそかに愛していたらしい。しかし、娘からみれば、格調の高い文体でニイチェを論じたり、ミケランジェロのなかに歴史的実存のパトスをみてとる哲学者・山元一郎と、家にあって日常のなかに安楽するときの父のイメージとは、どうしても焦点を結ばなかったにちがいない。世の娘たちと同様に、ふゆ子さんにも、父についての二つのイメージは重なりあわなかった。父を理想化したい娘心からは、父の日常もまた哲学の厳しさで張りつめていて欲しかったのであろう。なるほど、日常性を頽落とみる実存の哲学はある。だがそれは、在ること（Sein）への問いを忘却した、平均的な『ひと的在りかた』への埋没を指すのであって、あぐらをかいて放談しながら一本のビールにのどの渇きをうるおしたり、ときに些細なことに腹をたてたり、頑固なオヤジ振りを発揮したからといって、それが直ちに実存の頽落を指すのではない。しかし、純真な娘心にそのような大人びた分別は期待できない。ときには、告発めいた批判を娘が父に投げかけることもある。そんなとき、おそらくは父の目には『生意気』とも見えるらしい。その感性の深さをこの上なく愛でつつも、『近頃はどうも生意気になりよって』と、満足げに語る父の姿に、わたくしは何回か接したことがある。

そんな父を一瞬のうちに悲痛のどん底に陥れたのは、一九六九年の秋のことであった。事前にはなんらその気配もみせず、事後にもなんらの手がかりも遺さず自ずからの命を断ったふゆ子さんを、先生は、ひと前では、その悲しみを押しころして、『腹がたつ』という表現で愚痴っていたものである。死の直前、京都大学図書館に入りびたっては、醜さを残すことなく死ぬしかたまでを、こころ憎いまでさぐっていたその克明さも、じつは父ゆずりであった。」

（『山元一郎　人と思想』一九九〇　法律文化社　西川富雄「プロローグ」）

一方で、同県人の森進一や都はるみの演歌が大好きで、学生たちのコンパの席で、よく歌っていたという。

因みに妻・祥子《さがこ》は内藤湖南の娘。二人の仲を取り持ったのは、祥子の兄の耕次郎である。ヴィトゲンシュタインの研究者としても有名。

＊79——**奈良本辰也**（一九一三〜二〇〇一）　山口県大島郡大島町小松に生まれる。京都大学で近世幕末史を専攻。師は西田直二郎。京都市史編纂所勤務を経て、昭和二十三年から立命館大学教授。昭和四十四年、大学紛争での大学当局の対応に憤って辞職した。昭和二十六年から三十七年まで「部落問題研究所」の所長を務めた。幕末期の人物の時代を切り開く熱気に共感する独特の「奈良本史学」を築き上げた。酒を愛したことでも有名。弟子に高野澄、百瀬明治、中世・近世美術史の赤井達郎等がいる。

＊80——**林屋辰三郎**（一九一四〜一九九八）　金沢市に生まれる。京都大学で国史専攻。京都大学人文科学研究所所長、京都国立博物館館長などの要職に就き、多くの有能な人材を育てた。その中でも特記すべきは「芸能史研究会」の代表としての活躍である。この研究会を介して、京大人文研・「立命日本史」が交流し、日本の「中世芸能の民」の研究者が育つ。

その中の一人、中世史の闇に光を当てた気鋭の学者・横井清は、その著『中世日本文化史論考』（二〇〇一　平凡社）「あとがき」で林屋の人となりを以下のように語る。

「去る一九九八年の二月十一日に、林屋辰三郎先生が享年八十三を以て旅立たれた。思えば立命館大学文学部二回生時に先生主宰の研究会に参席させて頂いて以来永年に亘ってご教導を受け、歳甲斐もなくいつまでもご心労をお掛けしながら報ゆるところ皆無であったのみならず、事毎に蟷螂《とうろう》の斧の比喩どおりに逆らってばかりであった。それにもかかわらず、先生はいつも寛容に対された。優しく静かな人でいらしたが、直観極めて鋭く、独特の表現をともなう辛辣《しんらつ》さも併せ持って、相手の心根を端的に射当てられていた。(中略)その先生のお姿にじかに接し得たのは、一九九六年十月十日を以て最後とする。せっかくご先客に応対されていたにもかかわらず、淳子令夫人とお話を交わす我が大声を聞き分けられて玄関にゆるゆると姿を見せられた先生が、既に弱められていたお眼にもこの突然の訪問者の容姿が『よく見えている』と、あのお声と笑顔で告げられたのは記憶に鮮やかであり、痛切である。画面は、あの日、あの十数分間のままに、そこで停止した。まぢかに叡山を望む一乗寺のお宅でのご葬儀には、私もその一人として加わった焼香者の長い長い列の上を、ひとしきり、無数の雪片たちが風に舞い散っては、底冷えの路上に消えていた。」

代表作『歌舞伎以前』(一九五四　岩波新書)。『中世芸能史の研究』(一九六〇　岩波書店)。他に著書多数。柳田國男の「散所」の問題を発展させた「さんせう太夫」=「散所太夫」は「林屋学」の〝核〟となる解釈である。

第二章　孔子——狂狷の人の行方

狂

「孔子」の誕生。

一九六九年。

「僕は大学辞《や》めて、浪人していた」

という梅原猛は、白川静描くところの『孔子伝』の孔子に似ている。

「それにしても孔子が葬送《そうそう》の徒《と》で、雨請《あまご》いの呪師《じゅし》というのには驚きました」

という梅原猛は、御霊《ごりょう》・怨霊鎮魂《おんりょうちんこん》の呪師となった。

「あの時代に、なぜ孔子だったのですか」

梅原猛の問《とい》。

「本にすれば、誰かが読んでくれるでしょう」

白川静の答。

孔子は巫女《みこ》の私生児で、
髷結《まげゆ》わず、ザンバラ髪で、遊行《ゆぎょう》する徒。
誰がそんな孔子の姿を思い浮かべよう。

「孔子は殺されてもね、仕方《しかた》のない存在であった」
ちょっと寂しい気分の孔子。
「涙が出るな」

夏。
梅原猛が白川邸を出ようとした時、
雨が降ってきた。
夕立？　いえ長雨。

孔子が降らせた雨でした。

和辻哲郎の『孔子』――白川静の『孔子伝』

梅原　今回は何とか『孔子伝』だけは読んで参りました（笑）。

その動機にも不純な点がありまして、孫が洛南《らくなん》高校へ行ってるんですが、宿題が出まして、色んな本を挙げて、その中には私の『地獄《じごく》の思想《しそう》』も入ってるんですが（笑）、感想を書けっていうんですよ。孫は和辻哲郎《わつじてつろう》の『孔子』を選び、私もつられて読みました（笑）。そして先生の『孔子伝』を一気に読ませて頂きました。

和辻の『孔子』と先生の『孔子伝』をほぼ同時に読んで大変な驚きがありました。先生の『孔子伝』は画期的です（笑）。

和辻の『孔子』について論じますと、和辻は若い時に文献学を勉強していますね。そして「ホメロス研究」や「原始仏教の研究」にしてもそうですけど、与えられた史料から後から付け加えたものを一つずつ除いて原史料を明らかにするという方法を採っている。『孔子』にしても司馬遷《しばせん》[*1]の『史記《しき》』の中の「孔子世家《こうしせいか》」をあまり信用出来ないというので除いて、最後に『論語《ろんご》』に辿《たど》り着く。『論語』にも古い部分新しい部分があって、新しい部分は信用出来ないというので古い部分だけを残して孔子の原像を考えた。

まあ、文献学の方法を使ったことは理解出来るんですが、そこで出て来た孔子像は、あまりはっきりしないですね。和辻は新しい孔子像を描くことに成功しなかったと思います。

偉大な思想の師というのは、ソクラテスにしてもキリスト*2にしても毒殺されたり、磔《はりつけ》にされたりして非業《ひごう》の死を遂げていますね。彼らの死はその教義と密接に関わっている。釈迦《しゃか》にしてもその死は自然死だけれども、自らの死をもって人は死から逃れられないということを示した。この偉大な三人の死は教義と深い関係をもっているのに孔子はそういう「死」をもっていない。それで孔子は大変合理的な人ではないかと和辻は言う。

それから孔子は「怪力乱神を語らず」と言ったように非合理なことは何も語らなかった、結局「理性の思想家」だというようなところで和辻の論理は終わっている。

ところが白川先生の『孔子伝』は孔子の負っている古い宗教的なものを見事に描き出してられ、孔子論として画期的なものです。これはどういうお気持で書かれたんですか。丁度学園紛争の時ですね、書かれたのは。紛争と関係ありますか。

白川　いくらかね、執筆の動機としては関係ありますけれども（笑）。

中国の思想史・精神史においては古典的な「聖人の系譜」というものがあって、従来はね、初めから聖人であることを認めた上で書くというやり方です。今の視点から見ている。

しかし僕は「儒教《じゅきょう》」というものがどういう風に成立して来たのか、という社会思想史的なものとして捉えたかった。この思想そのものがいかにして成立して来たのか、どうして孔子という人物が古典期を代表するような思想家となりえたのか、という問題を正面において考えた訳です。

大体、孔子自身が自分で聖人ではないと言うておるんですよ、人が自分をそう評価したと言うことを聞いてね。彼自身は宗教的な存在になろうという気持はないんですね。むしろ『論語』とか他の資料を見ていくと、彼自身は変革を望んで何回か試みた。そして挫折した。もし彼が成功しておれば一人の政治家で終わっただろうと思います。ところが彼は最後まで失敗して、流浪の生活をして、惨憺《さんたん》たる生涯ですわな。だからそういう生涯自体が一つの思想になります。そしてあの儒教というような一つの思想体系を組み立てるようになった。つまり彼の人格的な求心力というものが、多くの弟子を招き寄せた。儒教の思想というのは、実際にはその弟子たちによって構成されたのです。核心になるところは孔子が言ったことですが、それを儒教的な体系に組織したのは弟子たちです。これはキリスト教と一緒です。本人はそう大したことは言うておらん（笑）。

しかし何か時代を変革する力を求めねばならん。あの時代はね、主君が力を失《うしの》うて、その下の連中が力を持つ「僭主制《せんしゅせい》」の時代ですね。孔子が「われはそれ東周《とうしゅう》をなさんか」というのは、この僭主制度をうち倒すということであった。

だから弟子たちを使って色々な政治活動を行うのですが、孔子は政治家ではありませんからことごとく失敗するんです。しかし失敗するたびに、人間的な理解は深くなり、その教えは広くなっていくのです。すぐれた弟子たちもやって来るし、そうして儒教教団というものが成立するんです。

梅原　理想が高過ぎるんですかね。やはり成功するには理想を一段低めないとね、とても成功しない。これはちょっとプラトンに似ているような気がしますね。

プラトンはやはり政治家になろうとしたんですね。世の中よくするには哲学者が政治家にならねばいけない。或いは政治家が哲学者にならねばならない。プラトンはそういう哲学者が政治を執る国を造ろうとして、色々やったけれども失敗する。

孔子も同じように政治家になることだけが目的ならば成功していたかも知れない。ところが理想が高過ぎて現実の政治勢力と妥協することが出来ない。先生がおっしゃるように、彼は失敗した革命家なんでしょうね。

陽虎・孔子の師？——近くて遠い人

梅原　私が面白かったのは先生が陽虎《ようこ》[*3]（陽貨《ようか》）という人物を出して来たことですね。この陽虎と孔子は表面敵対しているけれども、本当は似ている面があるんじゃないかと。そして魯《ろ》の国を去って逃げていく、陽虎の居る所を避けていく。こういう指摘は先生が初めてなさったことでしょうか。

白川 今までそれを言うた人は誰も居らんのです（笑）。しかし陽虎の動きを見ているとね、孔子がなぜ魯を逃げ出して斉《せい》の国へ行ったのか。そしてまた慌てて魯の国へ戻ったのか。最後の亡命の時にね、彼は山西省《さんせいしょう》の晋《しん》[*4]に行くつもりであった。魯と晋とは比較的関係がいいんです。それであらかじめ工作もしてあって、晋へ入るつもりだった。

ところが陽虎が先に入ってしまった。そしてその地で実際に教団を作り弟子も持ち、一つの勢力を築いておるんですよ。だから孔子は入れない、仕方なしに宋《そう》、衛《えい》の方へ回って行くんですね。だから彼が魯への帰り道に回顧して、「丘《きゅう》の河を渡らざりしは命（天命）なるかな」[*5]と言うている。孔子がなぜこんなことを言っているのか、誰もその意味を汲むことが出来なかったんです。

梅原 どういうことですか。

白川 なぜかと言うとね、陽虎が居ったからです、行けなかった。晋ならば大きな国ですしね、孔子としては自分の理想実現によい場所だと思うておったんですが、そこへ入れなかった。

陽虎とは初めから敵対者であった。僕の考えでは、陽虎は孔子より二、三十歳上ではなかったかと思う。孔子は魯の王さまが学者を召すということを聞いて、のこのこ出掛けて行くんですよ。すると陽虎が居ってね、「お前はまだ少年ではないか」と言って、門前払いをくわすんですよ。それから孔子がいくらか名声を得る頃になると、陽虎は彼を門下に入れたくなった。だから自分の所へ来いと言うんですがね、孔子はなかなか行かない。そうすると陽虎はね、孔子の留守中に蒸豚《むしぶた》を一匹届けさせるんです。目上の人から贈物を貰《もら》うと、自分で直々《じきじき》に参上してお礼を言わねばならぬ。孔子もさるものですからね、陽虎が留守の時を見計らって行くんです。ところが途中で出会ってしまう。すると陽虎がね、「立派な才能を持ちながら世に出ないということは賢いと言えるか」と言うんですね。孔子は仕方なく「それは良い道ではありません」と答えると、「日月《じつげつ》逝《ゆ》きぬ。歳われと与《とも》ならず」ですかね、陽虎は詩のような言葉を吐くんです。レベルの高い言葉を使うんです。だから彼は学者であったと思う。

梅原　それ、びっくりしました。先生の『孔子伝』を読んで、その言葉が出て来た時、「陽虎の言葉は詩のように美しい」と、こんなことを指摘したのは先生だけですよ。それで孔子と陽虎は似ていると……

白川　同じ方向なの。

梅原　近親憎悪みたいな……

白川　だけどもね、陽虎のやり方というのはね、いわゆる魯の三桓僭主《さんかんせんしゅ》*6と言われるようなそういう連中を取り込んでね、自分が専制力を持ちたいという、そういうやり方だった。孔子の方はね、三桓を除こうというやり方だった。これを温存したのでは僭主制は崩せませんからね。政策的には基本的に違う。

だけども古典の教養があって、弟子をとって、これからの政治はそういう賢哲の政治でなくてはならんというね、理念を持っておったことは共通です。陽虎は政治力でやり過ぎた。孔子の方は馬鹿正直で、革命、変革というものを政治的に上手に仕上げるということが出来んのです。だから失敗ばかりする。

梅原　孔子の描く理想社会というものが純粋過ぎるんですね。

白川　彼は夢に周公《しゅうこう》を見ると言うておるのです。周の初め頃の文《ぶん》・武《ぶ》・周公[*7]の政治を理想としていた。この時代の政治のやり方には、文献が残されている。例えば『詩経《しきょう》』の二雅《にが》[*8]の道徳詩とか政治詩という形で、色んな思想が歌われている。そういうものを孔子は学んで知っているのです。

孔子は大体葬儀屋さんです。儒家《じゅか》はね、本来葬儀屋であった。だからそういう儀礼的なことに参加する訳ですね。『詩』なんかでも、そういう儀礼の場で、楽師《がくし》連中によって歌われて伝えたものですから。孔子は楽師を大変大事にしている。『論語』の中にも何度か出て来ますがね。

斉へ亡命した時もね、「関雎《かんしょ》」の乱《おわり》*9を聞いて、「洋洋乎《ようようこ》として耳に盈《み》てるかな」というようなことを言って、それを鑑賞してますがね、音楽の解る人であった。そういう風に『詩』なんかを学んで、『詩』の成立は大体西周《せいしゅう》の中頃から終わりにかけてですが、だから孔子の時代にはもう三百五篇は全部あったのです。それを実際に楽師が伝承して演奏もやっておった。だから孔子は『論語』の中で詩を論ずる時にはね、普通の弟子たちが論ずる時には、「詩に曰ふ……」という引用形式を取るんですが、孔子は引用しないんです。

「唐棣《とうてい》の華、偏《へん》として其《そ》れ反《はん》せり。豈《あ》に爾《なんじ》を思はざらんや、室《しっ》の是《こ》れ遠ければなり」と、その詩を最初、声をあげて歌ったんだと思う。初めに何も付いていない、いきなりそれが出て来るのです。そして孔子がそれを説明する訳ですね。「未《いま》だこれを思はざるなり。夫《そ》れ何の遠きことか之《こ》れ有らん。」、これは恋愛詩ですね。にわざくらの花びらがね、こちらに折れ、そちらに折れ、と両方の反対側へ開いてしまっておる。「豈に爾を思はざらんや、室の是れ遠ければなり」、離ればなれで、会いとうても会えませんという歌ですよ。

そんな詩を孔子が大きな声で歌い上げてね、「未だ思い方が足らんのじゃ」と弟子に教えておる。孔子の教育はね、蠟《ろう》を嚙むような味気ないものではなかった。

梅原　孔子が理想としたのは芸術的な道徳国家ですね。

白川　だからそういう周初以来の伝統というものがあって、やはり、葬式とかお祭とかの儀礼にしょっちゅう参加しとるからね、そういう伝統に接しておる訳ですね。

梅原　そういうところから理想国家のイメージが出来てきたんですね。その点プラトンとよく似ています。

白川　だから晩年になってからね「甚《はなは》だしいかな、吾《わ》が衰へたること。久しいかな、我復《ま》た夢に周公を見ず。」（「述而《じゅつじ》」）[*10]、晩年になって、もう夢に周公が出て来ないと嘆いている。若い時には周初の文・武・周公というのを念頭に置いて、活動しておったろうと思います。

梅原　ですからやはりプラトンに近いと思います。プラトンは理想の国家を造ろうとした。彼が一番に批判しているのは僭主なんですよ。ですから生まれ変わっても間違っても僭主なんて選ぶもんじゃないと、プラトンは言っている。これはプラトンの思想だと思いますけどね。そういう風に道徳が崩壊し、人間がもっぱら権力と金を求める時代になって、理想的道徳国家を作ろうとした。それはアナクロニズムといえばアナクロニズムだ。

それにしても陽虎のお話が興味深いですね。敵になるやつが案外近いというのが。

白川　そう、いちばん近い者が一番の敵対者になるんです。

梅原　どっか違うんでしょうね。近いけれどどこか基本が違うんです。

白川　理念の高さが違うんです。すぐに現実の中で行動する人と、まず理想形を描いて現実をそこまで上げる人とね、距離がある訳なんです。

梅原　私なんかよく政治家と付き合いましたからね。先生のお言葉が、よく解りますよ（笑）。

白川　あなたは学徳によってそういう地位を得られたんだから。僕には学しかない、ハッハッハッ。

梅原　政治家とは付き合ってよく解りましたけどね、やはりどうしても人間が違う。政治家の理想は学者と違い、手近な理想だ。遠い理想をともにする時でも、現実の利害を決して忘れない。政治家と色々と付き合い、政治家に良いことをやってもらいましたが、根底において人間が違うという感を免《まぬが》れませんでした。もっとも学者にも芸術家にも、そういう人間が違うと思う人が多くいましたけれど。私自身も孔子やプラトンのような哲学思想だと思うので、彼らの気持はよく解るつもりです。

孟子・鄒衍・荀子・韓非子――「斉」の国へ

梅原　それから先生、孔子と孟子《もうし》＊11とは人間も思想も大分違うんでしょうか。

白川　うん、大分違う。これは時代環境が違うんですね。僕はやはり「思想」というものはね、社会的なものであって、それぞれの社会の中で理想を求めていく訳ですね。だから同じ「国家」というものを考えても、ギリシアの都市国家で考える「国家」と、中国のような広大な地域で、多民族でしかも分割されずに一緒くたに、ごった煮ですわな、そういう状態になっている、その中で「国家」を考えるのと、一品料理で考えるのと、料理の仕方が違うんですな。

だから孔子なんかの場合、そういう歴史的伝統の中で考えている。しかし戦国期の思想家は、「天下」という。彼等は「国家」という言い方をしないんです。複数の国家を含んだ天下なんです。そういう中での秩序を考える訳ですから、全然基盤が違うんです。

梅原　私は孟子が「後車数十乗《こうしゃすうじゅうじょう》」*12を連ねて諸国を廻《めぐ》ったと、先生の本で初めて知りましたが、孔子みたいに失敗したのと大分違いますね。

白川　あれは一種の政治運動なんです。もし適当な待遇をしなければ、別の国へ行ってこっちの国の不利なところをみんなばらすとか何とか言ってね、策動するんです。だから一種の政治集団みたいなものですよ。そして諸国を巡遊するんです。戦国時代ですから。

梅原　あの時代はそういうのが多かった訳ですね。

白川　あの時代はまた国家にしてもね、すぐれた思想家を集めて文化力でやろうとか。例えば斉の国は、都を臨淄《りんし》というんですが、鄒衍《すうえん》*13とか、荀子《じゅんし》*14、韓非子《かんぴし》*15など、当時の思想家は斉の都へ集まったんです。都城の西方に稷門《しょくもん》という門があって、斉の学堂があった。その付近に高級な住宅を与えて、学問研究をさせるため良い待遇をした。そこで、この稷門に栄えた学問を「稷下学《しょくかのがく》」という。その時代が、斉の国が文化的に天下を支配する力を持った時代なんです。

だから当時の学者というのは、単なる研究者じゃない、学問は同時に政治力であり、文化力であった。そういう形で学者も研究するし、政治家も利用する、そういう時代であった。

孔子と墨子――職能集団、葬送と技術

白川　ところが孔子の時代は思想はまだ萌芽的な状態でね、教団としての組織を持ったものは孔子がかろうじて作った儒教と、墨子《ぼくし》集団と、この二つしかない。両方とも一種の社会階級的な性格を持った集団です。儒家というのは、葬式からお祭までを含めた、宗教的な行事を担当する伝統を持った階層であった。

墨子の方は、「墨」というのは入れ墨という意味ですがね、入れ墨を入れた受刑者がね、当時は罪というのは神に対する穢《けが》れであるという考え方があって、受刑者は神の徒隷として、神をお祀りする場所に奉仕させた。そこで色んな仕事をさせる訳ですね。だから墨子というのはね、あなたの言う、「ものつくり」として、兵器も造るし、城壁も造る。中国の城は大きな城壁を持っていますから、城を攻撃する雲梯《うんてい》という何段階にもなる梯子《はしご》が要る。今の起重機みたいに、するすると伸びて城壁を越したり潰したりする機械を造る。

梅原　技術屋ですね。

白川　技術集団です。それが周王朝が滅びると雇ってくれる人がいませんから、独立して諸国を廻る訳です。「我々はこの城を潰すことが出来ますよ」とやる訳やね。だから彼等は初めから結束していなければ、力を発揮出来ない。儒家のようにね、個人の人格形成が基本であるというのとは、全然違う。

それから「ものつくり」ですがね、「ものつくり」はみな自分たちの守護神を持っとるのです。洪水に備える治水工事などは、いちばん規模の大きい工事ですが、その治水の神さまが禹《う》ですからね。だから彼等はこの禹を守護神として立てる。ところが儒家の方では、初め周の文・武・周公でやっていたのだが、仕方ないから、今度はこっちの方から堯《ぎょう》・舜《しゅん》*16を立てる。そうすると堯・舜・禹・湯《とう》*17・文・武・周公というようにね、古代の聖王の系譜が出来る。

梅原　堯・舜・禹というのは別の集団で出来たものなんですか。

白川　そうです、堯・舜・禹は後でくっ付いたもの。「舜」というのは、殷《いん》の神話に出て来る神さまではないかと思うんですがね。太陽神です。その上に入る「堯」というのは、「土器を製造する」という意味で、それで土を三つ書いて、下に「兀《こつ》」の形を書く訳です。台上の土器を焼く。帝堯陶唐氏《ていぎょうとうとうし》といいます。だから堯は土器を作る人々の神さまではないか、そういうものが古代の聖王であったということにして、だんだん架上*18されていくのです。上へ上へ神さまを作って乗せてゆくんです。

梅原　考古学では、大体土器の製造に関して日本の縄文《じょうもん》土器がいちばん古いといわれていましたが、中国でも同じ時期のものが見つかっています。およそ一万四千年くらい前です。とすると土器の発生と農耕の発生がほぼ同時であるということになる。堯が土器の神だというのは面白いです。

日本の神話で最も古い神はイザナギ・イザナミですが、イザナギ・イザナミというのは生殖の神ですね。これは縄文時代の神だと思っているんですよ。縄文時代には性器崇拝が強いですからね。私は日本の神話は歴史と深い関係があると思う。もう一度縄文時代をイザナギ・イザナミの神話と関係させねばならない。アマテラスは弥生の神だと思う。

中国の神話で最も古い神・堯が土器作りの神であるというのは非常に面白い。それからもう一つは治水、これは農耕にとって非常に重大なものです。ですから禹という治水の神の出現は農業時代の到来を示すものでしょう。禹を担いだのは職能の民ですね。

孔子と雨請い——髷結わず

梅原　それからもう一つ面白かったのは、先生が先程おっしゃいましたが、儒家というものは葬礼をやって来た民であるということ。それから「儒」という字から、儒家は雨請いもしたのではないかと言っておられますね。「儒」というのはどういう意味でしょうね。

白川　上に「雨」がありますが、下の「而《じ》」は実は「人」の形、頭に髷《まげ》を着けない人の形。頭髪を結《ゆ》い上げていない。普通なら結び上げてここへ笄《こうがい》を通してまとめる。そうすると「夫《ふ》」という字になる。これ、「而」は髷がないので、特殊な姿をしているんです。「儒」というのは、服装も姿も違う。雨請いの時に、この連中がやるもんだから、儒というのは本来は「雨を求める人」という意味です。で、雨が降ったら「濡」れる。だから儒家というのは、大体そういう巫祝《ふしゅく》の出身ですね。

これは中国に限らんことですが、日照りが続くと巫女などを焚殺《ふんさつ》する。だから殷の湯という王さまは、日照りが三年続いた時にね、自分がその役をやりましょうと、薪《たきぎ》を積み上げてその上に座って、火を付けようとしたところ、沛然《はいぜん》として雨が降った。殷が滅びて宋の時代になっても、やはり日照りの時に王さまがそういうことをやっている。こういうように「儒」というのは、雨請いの時に焚殺される身分の人々のことですね。それでやることが葬儀ですから、儒教の経典の『礼記《らいき》』なんか大部分、四十九篇のうち三分の二くらいは葬礼に関することばかりです。ですから当時儒家と対立していた墨家《ぼっか》の連中は、儒者は金持ちの家に葬式があるといそいそと集まって来るじゃないかと揶揄《やゆ》している。

◎需　ジュ
あまごい・もとめる・まつ

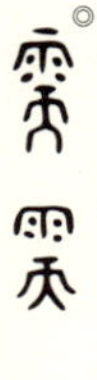

梅原　墨家は葬儀には関係しないんですか。

白川　墨家は工作者の集団ですから、彼らは春秋戦国の時代に生きるために、彼らの持つ工作力で諸国を説いて歩いた。そして最後まで非常に強固な結社を作っておって、その上に何人かの指導者がいる。「渠師《きょし》（巨子）」というんですがね、これに一団体が従っていて、集団で行動する。

漢の時代になって最後の渠師が自殺すると、これに従っていた七十何人かの者が全員自殺した。こうして墨家は滅びるのです。このように最後まで集団性を保っていた、非常に特殊な集団です。墨子には神秘主義的な傾向がありましたしね。

梅原　雨請いというのはやはり私は稲作農業に関わると思うんです。ヨーロッパに雨請いというのはあまりないんです。小麦農業社会はそんなに雨が必要ないんですよ。稲作農業には雨がどうしても必要です。儒者が雨請いに関係があるとすれば、儒者は稲作農業を無事に行わせる「呪者」ということになると思いますよ。

白川　殷の甲骨文《こうこつぶん》にね、日照りの時に人を犠牲にするというのは、たくさん出て来ますよ。当時はまだ「儒」というものはありませんから、多くは異民族、羌族《きょうぞく》などというのを使う。それから某人というような、氏族員に入っていない者を、人身御供《ひとみごくう》に使う。

だから「莫《かん》（暵）」という字はね、上の方が「𠙵（サイ）」、「祝詞《のりと》」を入れる器です。それを頭上に戴き、手をこまねいて、これを下から火で焚く。犠牲として焚殺するのです。それが「熯《かん》」。これはフレーザー[*19]の『金枝篇《きんしへん》』にも出て来ますね、「殺される王」というのは。

梅原 「王殺し」ですね。「儒」という雨請いを職とする人間集団が出来たのはいつ頃からでしょうか。

白川 それはおそらく非常に古い時代からでしょうね。中国では日本の侍のように昔から髷《まげ》を結っておった。先刻の「夫」という字も髷に笄《けい》を通している形。そして「妻」という字は簪《しん》をたくさん付けている形。笄も簪も同じです。夫妻の両方とも頭に飾り付けてね、するとこれは結婚式の姿です。だからこの字が出来た時代には既にそういう風俗があったんですね。

梅原 日本では弥生人から頭に髷を結いますね。縄文人は結わなかったと思います。京都洛北《らくほく》の八瀬《やせ》童子《どうじ》[*20]という人たちは、ザンバラ髪でした。京の街の人たちが髷を結っている時代に。だから私は八瀬の人たちは縄文の遺民だと思っているんです。この人たちも天皇の葬儀の際に働くんです。

巫女の私生児——行基菩薩

梅原 それから先生は、孔子は巫女《みこ》の子だといっていますね。孔子のお父さんははっきりしないんですか。名前は出てますね。

白川　お父さんは、叔梁紇《しゅくりょうこつ》という名前で、孔子の名前との繋がりがありませんね、なぜ「孔」という姓になるのか。

梅原　和辻さんの本でも孔子は卑しい生まれだと書いてありました。

白川　孔子自身がそう言っているんですね。「あなたは大変なもの知りだ」と言われて、私は卑しい生まれであるから、「鄙事《ひじ》に多能なり」、色んなつまらんことをやって来たので、つまらん事を多く知っている。しかし「君子《くんし》は多《た》ならんや、多ならざるなり」と、君子はそんなに何でもかでも知っとるというもんではないと、そう言うとる。この「君子は、多ならざるなり」と言うところにね、孔子がちょっと嘆いているような気分があるように思える。「わたしはそういう君子の身分じゃないんだ」と、寂しく言うとる気分がある。

梅原　そうなりますと、孔子はイエス・キリストと同じような、貧しい民の私生児として生まれた。日本でいうと行基菩薩《ぎょうきぼさつ》がそうでしょ。行基[*21]の母は低い階級の生まれで、父がよく解らない。こういう境遇に育つとつぶさに世間の苦難を経験してますからね、人間に対する愛情をたくさん持っている。そう考えると今までの孔子の解釈とは全く違っていると思いますけどね。

白川　先程も申しましたが、『史記』がね、「孔子世家」といって、孔子を大名扱いしてしまった。もう一つは、漢の時代に儒教を国の正教として、国教としてね、儒教中心の教化をやるということになったもんですからね。

梅原　和辻は、「孔子世家」は『史記』の中でもいちばんまずいと言っている。

白川　あれはね、寄せ集めの上にね、整理が十分でないから、旅行でも同じ所を何遍も行き来しててね、あんなに旅行をしとったらね、落ち着く間がありませんよ。

梅原　司馬遷というのは割合にちゃんと調べてですね、例えば日本では伝説の人物である徐福など、色々彼の行った所に行って聞き書きした、そういう跡はあるんですけどね。なぜ孔子に関してそんなに粗雑な記述をしたのですか。

白川　『論語』なんかでもね、昔の書物は章ごとに分けてないんですよ、竹簡《ちくかん》で書いてあったりしてね。『論語』の場合には、一尺二寸のを使って十二字入れるという風に、大体ものによって長さと字数の決まりがある。それが詰めて書いてある、ずっとね。そうするとね、どこで切れておるのか、これが一つの話であるのか二つの話であるのか、それでは解らんのです。『史記』にはその間違いが多い。分けるべき所を一緒にして、その時のことにしてね、孔子がその時にこう言ったという言い方をする。

しかしこれは司馬遷が悪かったのではなくて、その時代の資料が十分整理出来ていないということもあるんです。司馬遷は自分で考えてやるということはあんまりやってないんです。自分で調べたところはね、自分がどこへ行って古老に聞いたと書いておるんでね、それ以外のものは大体何かに拠《よ》って書いておる。

だから例えば有名な「鴻門《こうもん》の会《かい》」*22でもね、沛公《はいこう》が北に向かって座り、張良《ちょうりょう》が西に向かって座り、というような調子でね、その場面描写をやっている。それでその時に項荘《こうそう》が剣舞をやりながら劉邦《りゅうほう》を討とうとする、それをまた守ろうとする項伯《こうはく》が立って舞うというような調子のね、まるでお芝居みたいな場面を書いとるけれども、あれは実は『楚漢春秋《そかんしゅんじゅう》』*23という書物に書いてあって、その『楚漢春秋』を書いた陸賈《りくか》はね、その席上におったんです。それで彼がそのことを『楚漢春秋』に書いている。

それを『史記』はそのまま採っている。『楚漢春秋』は唐の時代ぐらいまではありましたからね、『史記』の註釈家たちはそれと比べてみて、『楚漢春秋』ではこうなっとる、と書いている。だからその文献はまだあった訳ですね。大体は既存のものを使うていますね。

梅原　まあ百年や二、三百年前のことは調べれば残ってますからね。多少は聞き書きしたんだろうけど、孔子の時代となるともう遥かに遠いですからね。

白川　そうそう、もう『論語』そのものが怪しいもんですからね。どこまで本当に孔子の言葉であるのか、孔子の思想であるのかね。あれはいくつもの要素に分解出来るから。かなり後のものもあります。

梅原　そうですね。私は孔子の廟へ行きましたけどね、やはり、いかにも孔子は大名という感じがしてね、びっくりしましたね、ものすごく大きいんです。そして孔子の代々の子孫の墓が、ずっと立ち並んでいるのです。

運転手さんがね、私の墓もそこに作られるって言って、自分は子孫だから（笑）。今孔子の子孫は何万人と居るけどね、ろくな奴は居らんと言ってましたけどね。だけどあれ見てね、孔子は世家、即ち大名だとつくづく感じましたね。

白川　あれは漢が儒家を尊ぶという政策をとってからね、特別にああいう場所を与えて、子孫を保護してね、歴代それをやった訳です。儒教を敵に回すと知識階級から良う言われませんからね。

梅原　今でもあんな大きな墓場を持ってるのは孔子一族だけでしょう。正にあれは大名の墓ですよ。先生がおっしゃるように、「孔子世家」を読んでも血の出る人間を感じませんね。フィクションであったとしても、フィクションの面白味はないですね。私は旧制高校の時、特別に漢文の先生に「孔子世家」を読んでもらったことがありましたけれど、全く面白くなかった。『論語』はけっこう面白いのに、どういう訳だと思いましたよ。

白川　大体あれはね、司馬遷も気の進まん文章であったんではないか。司馬遷は思想的に儒家じゃないんですよ。父の司馬談《しばだん》が道家《どうか》のものすごい贔屓《ひいき》でね、司馬遷もお父さんのそういう話をしょっちゅう聞いている。だから儒家にはよそよそしいという感情を持っていた。何からわべだけ飾ったという風なね、そういうよそよそしい感情を持っておるからね。

梅原　しかし孔子を含めて書かねばならなかった訳ですね。

白川　だから「孔子世家」を読んどってもね、よそよそしい感じしませんか。

梅原　真の孔子の人間像が出て来ない感じがしますね。

白川　入って行こうとせんのです。侠客《きょうかく》なんかの話になるとね、司馬遷はのめり込んで書いている。大分姿勢が違いますね。「遊侠列伝《ゆうきょうれつでん》」なんか読んどると面白いですね。

梅原　やくざとかけちんぼうとか、そういう変な人間には彼は異常に興味を持っています。「遊侠列伝」は実に面白い。司馬遼太郎さんも愛読したのではないでしょうか。彼の小説も変な人間を書いた作品に優れたのが多い。私もそういうのが好きですけどね（笑）。

殷から周——羌人と姜姓四国

梅原　また先生は周の時代から合理主義が始まると言っておられる。天の思想[*24]は抽象概念でしょ、合理的な抽象概念。それに対して殷は神秘主義で、周の時代から合理主義が始まったと。

その通りでしょうね。

周の時代になると、宗教的な権威で国を治めるのではなくて、制度によって国を治めるという考え方になって来ますか。

白川　周の時代はね、やはり殷の時代がああいう風に非常に古代的な、宗教的な性格の強い王朝であった。周族はね、実際はどこから来たのか、それまでどうしておったのかもね、あんまりよう解らん小さい部族であった。いちばん初めに陝西省《せんせいしょう》の渭水《いすい》の北側の豳《ひん》という所に都したということが、『詩経』の「豳風」にもうたわれておるからね、まあ、あそこに定着して……

梅原　遊牧民族ですかね？

白川　牧畜と農業だと思いますが、素性がよく解らない。それでね、そんなに大きな部族ではなかったんでないかと思うんですね。

梅原　どうしてそんな周が。

白川　陝西省に入ってね、殷の文化と接触して、殷の文字を彼らは受け継いでおる。彼らの居った所を周原《しゅうげん》というんですがね、そこから甲骨文が出て来てる。その中には「周」というような文字も出て来ますしね、卜骨《ぼくこつ》が残っている。ところがこの卜骨の字というのがね、拡大鏡で見んと解らんような字なんです。小さな、どうしてあんな小さい所へ、あんなにして彫ったのかという風なね。殷の甲骨と全く違う。

梅原　殷の字は大きいですか。

白川　殷のは肉眼で十分読める。周のは小さな骨にね、本当にレンズで拡大して見んとね、何が書いてあるか解らんような。

梅原　わざと小さく書いたんですか。

白川　それは解らんけれども、とにかくそういうものしか出ていない。殷とは全く違う。だけども殷の文字をもう既に用いてやっておるからね、彼らは本来はもちろん文字がなかったに違いないけれども、殷の文化を相当貪欲に吸収するというような、そういう部族であったんではないかと思う。

　だから本当の力は、殷と敵対するほどの力はなかったんですが、ただこの時、沿海の諸部族が、殷に対して反乱を起こすんです。山東《さんとう》から安徽《あんき》辺りの沿海民族が反乱を起こす。そこで殷の最後の王・紂王《ちゅうおう》*25が大軍を連れてそこへ遠征に出掛けた、周にその留守を突かれる。その留守を突かれてね、殷は滅んでしまう。殷王朝は滅んでもね、本当は力関係からいうと、まだ遥かに殷の方が強いんですね。だから『尚書《しょうしょ》』*26の「周書」の部分には、あの中に殷のことを何回か述べておりますけどね、殷に対して「大邦殷《たいほういん》」という言葉をしょっちゅう使うとるんですね。ただ「大邦商《たいほうしょう》」とは言わんのです。「商」というのは殷の正式の号ですね、「殷」というのはどちらかというと多分蔑称でないかと思う。

梅原　「殷」はどういう意味ですか。

白川　どういう意味か解らんのですけれどもね、おそらく「えびす」という風な意味があったかも知れん。殷の「イン」という音は「イ」とも発音されますから「夷」かも知れません。また「衣」の「イ」とも思われます。「殷人」は衣で魂寄せをしていましたから。「殷」という字は金文にはありますが、卜文にはありません。

梅原　正式な名前は「商」ですか。「商」はどういう意味ですか。

白川　「商」というのは都の名前。自分たちの都のことを、「商」、「大邑商《だいゆうしょう》」、或いは「天邑商《てんゆうしょう》」などと言う。「商」は台座の上に、刑罰権を示す「辛」（入墨用の針）を立てた形。刑罰権を誇示する字形です。末期になると「天」という字も使うてますけどね。だから天という考え方は、もう殷の末期になるとあったのかも知れませんね。自分たちの都を今までは「大邑商」と言うておったのにね、最後の第五期になると「天邑商」と言う。だから帝から天へという移り変わりが、もう殷末には生まれておったかも知れんのです。

ただ周は、その天の意を受けて「我々は、お酒ばっかり食らって乱れておる殷を滅ぼすんだ」と言うてね、殷を討った。殷がお酒を飲むというのはね、それは祭にお酒を使うんでね、毎日毎日、酒ばかり飲んでおった訳ではない（笑）。

梅原　それも面白いですね、殷は毎日毎日、酒飲んで堕落して周に滅ぼされたと思っていたが、そうじゃない、祭に酒を使うのだから。飲むのは当たり前だ。

白川　そう、祭にお酒を使うんです。それをね、周はね、あんまりお酒を飲まなかったとみえる。だからこれを背徳とみなす。

梅原　質素な国なんですね。

白川　おそらくね、戦闘集団みたいな少数の、精鋭の、質素な、がむしゃらな、というようなもんであったんだろうと思う。周という部族はね。

梅原　騎馬民族ですかね。

白川　周は実は羌《きょう》という民族と通婚関係を持っている。この羌というのが伯夷《はくい》・叔斉《しゅくせい》*27の国なんです。伯夷・叔斉は姜姓《きょうせい》なんです。そして洛陽の少し東の方に嵩山《すうざん》*28という山がありますね。あそこの岳神《がくしん》が羌の祖先神。その神が伯夷という名前。伯夷というのは山の神さま、本来は神さまの名前です。

梅原　羌という民族は、生け贄《いにえ》に使われてたんですか。

白川　そうです。殷にね、痛めつけられて服しておった。殷が統一王朝をなしとげた時にはね、羌は丁度洛陽の東の辺りに孤立しておった。姜姓四国《きょうせいしこく》*29、申《しん》・呂《りょ》(甫《ほ》)・許《きょ》・斉《せい》が殷にもう支配されてしもうとるから。西の方から、周が殷を滅ぼそうとして、武王がまず兵を出しますね。その時に伯夷・叔斉がこれを諫《いさ》めて止めたということが『史記』の「伯夷伝」に書いてありますね。司馬遷は大変すぐれた文章でそれを書いている。ところが「伯夷・叔斉は孤竹君《こちくくん》の二子なり」というとるけど、実はね、伯夷は嵩山の神さまです。その岳神を戴く者が、羌族の四つの国であった。彼らは殷の支配下にあるからね、今周が行動を起こしたら彼らはひどい目に遭わされる訳ですよ。だから、戦争を待てと言うてね。それで馬をひかえて諫めた。『史記』には「父死して葬らざるに、ここに干戈《かんか》に及ぶ、孝《こう》というべけんや。臣をもって君を弑《しい》す、忠《ちゅう》というべけんや」、と言うて諫めたと書いてあるけども。

梅原　今までひどい目に遭って来たけど、またひどい目に遭うかも知れん。

白川　そうそう、今武王が、周が動いたらね、姜姓族はひどい目に遭わされます。それで周はのちに姜姓の四国と連繋して、殷を討つ訳。

梅原　殷が内部崩壊し、求心力を失っていたのですね。

白川　そうそう。それに乗じたのです。

梅原　そういう時に沿海の夷族に反乱が起こり、不意討ちをされた訳ですね。やっぱりそういう風にみると周は辺境民族ですね。辺境民族が天下を取ったという。

白川　だけどね、周が天下を取ってしまってもね、西周の初め半分ぐらいまで、中期ぐらいまでの青銅器は、殆ど殷の工作者が作って、殷の遺民が文章を書いている。そして殷の氏族が作った彝器《いき》（儀器）が半数以上ある。

つまり殷が滅びてもね、彼らの文化はまだ滅びておらんのです。むしろその文化は、周の方はまだそれだけの文化を持っていない訳ですからね、だから天下を取って自分たちが号令するというような時でもね、「大邦殷」というような言葉を使わなければ収まらん訳ですね。武力では支配しとるけれども、文化的・政治的にはまだそこまでいけないという状態です。

梅原　中国はそういうことを続けて来たんじゃないですかね。例えば秦《しん》*30なんて国もですね、辺境にいたと思いますけどね。それから元《げん》がそうでしょ、それから清《しん》がそうでしょ、辺境の民族が中国を制しても結局みんな伝統的な文化の中に吸収されてしまう。武力を持ってても文化力というのを持たないから……

白川　同化されてしまう。

梅原　同化されてしまう、ええ。

白川　満州族なんかは清朝の終わりにはなくなってしまう。

梅原　蒙古族もそうですよね。結局は百年も経ってくると全くなくなってしまう。

白川　そういう風な国家の状態というものがね、殷周革命のそんな時代からある訳です。だから単一民族がどうしたというのではなくて、複数の民族がいつも動きながらね、歴史を形成して来ているということです。

梅原　非常によく解りますね。

荘・老——『荘子』・神々のものがたり

梅原　もう一つ面白かったのは、老子《ろうし》がですね[*31]、殷の思想を受け継いでいるんじゃないかという先生のご指摘も、中国の思想史を考える上で大変面白かったですね。

白川　それはね、儒教の批判者としては、荘周《そうしゅう》、荘子《そうし》ですね[*32]、荘子が初めに出て、老子というのは実は後なんです。

梅原　普通逆に考えられますけど。確かに老子の方が整理されてますね、思想が。

白川　そうそう。

梅原　荘子の方が訳の解らん世界がある。老子というのは非常に、思想がきれいに整理されている。だから、普通は「老子・荘子」となるんだけど、荘子が先で老子が後だという先生の説はよく解りますね。

編集部　荘子は非常にロマンティックだけれど整理はされてない。老子になると、それがカチッと整理されて来る訳ですね。それで「老荘」ではなくて「荘老」であると。

梅原　その方が「壮年」があって「老年」が来るんだから、当然かも知れません(笑)。

白川　『荘子』の中には、政治とか国家という問題があんまり出て来んのです。これは梅原先生の領域だけどもね、言うならば存在論とか認識論とかいうような形而上学的な、哲学論議が多い。そういう立場から問題を考えるというね。これはやっぱり当時の司祭者階級の、非常に高いレベルでの思弁法ですね、荘子にはそういう風なものが出て来ておる。

ところが『老子』の方には、国を治めるにはどうせよとかね、そういう現実問題が格言風に韻文に整理されて出て来るんですよ。それは色々議論された、その結論が箇条書きになって整理されているという風な形だね、『老子』の文章は。

編集部　神秘的なものというのは『老子』にはあんまりなかったんですか。

白川　面影は残っとるよ。例えば「吾《われ》は誰の子なるかを知らず、帝《てい》の先なるに象《に》たり」(『老子』第四章)というのはね、「自分は一体どういう素性の者であろうか、帝よりも先にわしが居《お》ったように思える」。総てのそういう存在より先にね、先験的に意識があったように思えるというんだろうね。これなんかどういう意味だろうかと思うけれどもな。

編集部　本当に自分を「帝」の上に置いて言った言葉なんでしょうか。

梅原　「帝」というのはどういう意味ですかね。

白川　「帝」というのはね、ものを造る者、造物者。老子はものが造られる以前に、わたしがあるのだと、形が与えられる以前に我々の存在というのがあるのだという。しかしこれは一つの象徴的な表現であってね、わたしは何者にも支配されない、規定されない者であるぞという意味であろうと思う。意味としてはね。

だけどこんな言葉を突然にぽっと書いてあるというようなところはね、単なる格言の寄せ集めではない訳ですわね。だからあれを編集した連中の中に、かなりの思弁者が居ったと思う。『老子』という書物は全部箴言《しんげん》*33で出来ている。全部韻《いん》をふんで、格言みたいなね。箴言集なんです。

荘周の学派は、どちらかというと儒教とやや近いんですけれども、うんと高級の神官のクラスですね。この連中はお祭を支配する司祭者ですから、古い伝統をよく知っている。神話なんかもよく知っている。そして古い氏族の伝統なんかもよく知っている。そういうことを知っておらんと祭は出来ませんからね。

だから同じ祭儀を行うにしてもね、儒家はそれの下層の方、荘周の一派はそれのうんと上層のね、神官の知識階級ですね。だから彼らのものの考え方はかなり哲学的であるし、ニーチェなんかに似とるとよく言われますね、あの文章は。そういう非常に思弁的なグループなんですね。そして彼らが儒家の思想を批判するのです。儒家の考え方というものはね、儀式とかそういう「もの」に即して具体的であり、現実的であるけれどもね、超越的な、絶対的なという風な、形而上的なものがないという。

梅原　その通りです。

白川　そういう立場から、儒家を批判する。そしてその批判する議論の仕方にね、単に論理を使うだけではない、いわゆる寓話を使う。その寓話の大部分が神話です。当時おそらくあったと思われる神話は、殆ど『荘子』三十三篇の中にある。儒教はね、神話は殆ど使わない。

梅原　そうですね。ないですね。

白川　彼らはその伝承にあずかっておらんのです。ところが荘周の一派はね、そういう神話の伝承を持っておって、そういう立場から古代の祭式を支配しておった。彼らからみると、儒家の考え方は相対的であり、思弁的でないと。もっと超越的な立場というものを持たなければ、思想というものは完成されないという、そういう立場からね、儒家の実践道徳的なそういう生き方を批判しておるのです。

『論語』から禅宗へ——語録の伝統

梅原　儒教にも「四書五経《ししょごきょう》」[*34]という経典がありますが、孔子を理解するには『論語』一書に尽きますかね。

白川　そうですね。読むものとしてはね、『論語』がやはりいちばん優れておる。それは色んな場合の、色んな関係の中で、人間というものが語られておるということですね。あれほど人間を中心にした書物はありません。

梅原　語録ですね。語録の伝統というのは中国文化を貫いているのではないですかね。『碧巌《へきがん》録《ろく》』なども語録と言ってよいですね。

白川　それはね、禅宗がその方法を採った訳です。

梅原　禅宗はやっぱり『論語』を学んだんでしょうかね。

白川　一般のものには語録というのはあんまりありません。弟子との色んな問答には、楊雄《ようゆう》*35の『法言《ほうげん》』などがあるけどね、あれは味気ないもんです、理屈ばっかりこねとってね。だけど禅宗のは、語録というよりは公案、問題集みたいなもんでしょうけどね、あれは優れておる。僕は『荘子』の思弁法とか『荘子』の表現法は、禅宗の語録の中に伝統として生きておると思いますね。中国において禅宗が成立するというのは、そういう意味でないかと思いますね。

梅原　『論語』もそうですが、『孟子』もそうでしょ、語録でしょ。『老子』『荘子』も語録。それから今の禅宗。中国仏教の生んだ文献として、やっぱり禅語録ですね。私がいちばん面白く読んだのが『碧巌録』なんですけど、柳田さんが色々訳しておられまして、なかなか名訳ですよ。

編集部　柳田聖山《やなぎだせいざん》*36先生。でも解らんとおっしゃってました、柳田聖山先生は。究極は解らんと。

白川　僕は紀平正美《きひらただよし》*37というね、学習院大学の哲学の先生が書いた『無門関解釈《むもんかんかいしゃく》』という、あれを若い時に読んだ。解ったように思うたがね（笑）。

編集部　若い時に。先生は何でもお読みになる。

梅原　『碧巌録』は私はいい本だと思う。『無門関』よりずっといい。

編集部　『無門関』もいいです。『臨済録《りんざいろく》』も。でも難しくて……どう捉えていいのか解らないです。その言葉通りに捉えられないので。例の「仏に逢《お》うては仏を殺し、祖《そ》に逢うては祖を殺し……」、柳田先生に聞いても答は教えてもらえなかった。

梅原　京大で中国文学をやった入矢義高《いりやよしたか》＊38先生が、禅の語録を俗語で解いたんだ。柳田さんは入矢先生の教えを受けて、俗語で解いたんで、今までの難しいもっともらしい理屈はみんな嘘で、本当は俗語であることが解った。

編集部　ああ、柳田聖山先生の前に入矢先生がいたんですか。それを柳田聖山先生が受けて、また解かれた。

梅原　だから非常にヴィヴィッドで、人間の心にクッと来る訳なんですよ。

編集部　禅の難しさは、例えば柳田聖山先生に一休の書を見てもらって、これは真筆《しんぴつ》ですか偽物ですかって聞いたら、「滅後《めつご》の真筆である」というお答だったんですよ。死んでからの真筆であるという答をもらって、困ってしまった。そういう問答になってしまうんで、なかなか禅の世界には入りきれません。

梅原　「滅後の真筆」は、いい答だよ（笑）。

『楚辞』――残された神話

梅原　『荘子』の文章を先生は大変高く評価されてますが、私も中国では珍しく、非常にロマンティックな文章であると思うんです。好きですね。私は『荘子』は『楚辞《そじ》』[*39]に似てるような気がします。

白川　『楚辞』はやはり神話を多く入れてますからね。

梅原　あれは楚の国ですよね。

白川　ええ、楚の国の巫祝者《ふしゅくしゃ》の文学です。

梅原　だから楚の国に伝わってるものでしょうかね。

白川　そうそう。

梅原　あそこで揚子《ようす》江文化《こうぶんか》が出て来ますからね。

白川　『荘子』も南方の思想ですね。

梅原　神秘的なものは南方的なものが多いですか。

白川　そう、あそこへね、最後に落ち着くんです。いちばん初めはね、殷にあった。それが周に移る。周が滅びると、山西省の晋《しん》ね、あそこへ移る。つまり春秋時代に、春秋全般では晋がいちばん強かったからね、周に仕えておった楽師やとか、色んな儀礼に仕えていた連中は、もう扶持《ふち》をもらえんから、みな晋の国へ流れ込むんです。

晋が今度は三晋に分かれますわね、韓《かん》・魏《ぎ》・趙《ちょう》に分かれますね。そうすると今度は楚がいちばん有力であるから、みな楚へ流れ込むんです。それで巫祝の伝統が、そういう経路で楚に移っていく。最後に楚に落ち着くんです。晋におった頃に伝えられたものが『国語』という本です。そういう巫祝の連中が、古い物語を伝誦《でんしょう》しておった。盲目の語り部です。「瞽史《こし》」*40といって、この人たちが大体お祭に関与しておって、古伝承を伝えておった。その瞽史の物語が筆録されて、『国語』という書になった。

梅原　それは晋で出来たんですか。

白川　晋の国で出来たものが多いと思う。晋の巻がね、九巻もある。周の巻は二巻しかない。あとは殆ど一巻ずつです。「晋語」がこんなにたくさんあるということはね、ここに語り部が居ったということです。

梅原　「瞽史」は日本の琵琶《びわ》法師《ほうし》みたいな……それが楚へ移った。

白川　それが今度はみな楚へ逃げる。楚が最後になる。それで、楚が滅びる時に彼らは九嶷《きゅうぎ》山《さん》*41の舜の祠所《ししょ》を目指して南下する途中で、集団は崩壊する。その過程で生まれたのが「離騒《りそう》」

「九章《きゅうしょう》」などの『楚辞』の文学です。

梅原　『山海経《せんがいきょう》*42』は……

白川　『山海経』はどこの国か解らんのですけれどもね、しかしおそらく晋辺りでまとめられたものでないかと思いますね。なぜかというとね、西方の知識が非常に多いんです。

梅原　この間私、楚の国、湖南省《こなんしょう》へ行ってきたんですけどね。湖南省はね、湖南省、湖北省《こほくしょう》、まあ楚の国はいちばん旧石器が多いんですね。

白川　そうですか。湖南省のどの辺？

梅原　長沙《ちょうさ》です。旧石器の王国ですね。だから農耕以前にもあそこは人口密度が非常に高くて、そしてそこに稲作農業が発生したというのが定説になりかかっています。厳文明さんによれば、稲作農業が発生したのは約一万四千年前ということになっています。そして楚の国で最初の都市文明が生まれて、安田喜憲氏などとともに我々が発掘に関わった城頭山遺跡は約六千年前の都市遺跡です。中国で最も古い都市であると思いますが、そういう風に都市文明が最初に成立したのが楚の国です。楚の国は豊かな国ですが、殷・周が中国を支配するにつれ、衰えた。しかし戦国末期かな、楚の国というのはまた豊かな国になったんですね。この楚の文化というのは、非常に興味深いですね。例の馬王堆《まおうたい》*43なんかも見て来ましたけどね、これはすごいもんです。だから楚の国というのは非常に豊かだったんだと思いましたね。

白川　勢力も強かったし、五覇《ごは》*44の一人でもあったしね。

梅原　漢の時代で、もう楚は滅ぼされた時代ですが、馬王堆のすごい墓を見ると楚の国は本当に金持ちだったと解りますね。以後ず～っと衰えていたけど、最近になって毛沢東《もうたくとう》なんて中国革命の英雄が出て来て（笑）。

白川　まあ『楚辞』なんかはね、楚の文化を代表するものですが、あの中に中国の神話が殆ど全部入っておる。それから『楚辞』の表現はおっしゃる通り『荘子』の文章なんかにも似たところがありますね、気性が似ておるというところがありますね。

いわゆる魂寄《たまよ》せというのがはっきり書かれておる。しかし難しい。意味がよく解らんところが多い。

編集部　白川先生は暗唱してらしたという。ずっと若い頃に……

梅原　人麻呂《ひとまろ》の原型だからな。僕は屈原《くつげん》*45には非常に興味があるんですよ。

編集部　『楚辞』の作者は屈原と考えてよろしいんでしょうか。

白川　そう、屈原と考える以外にないんです。ただ僕は従来の解釈と違ってね、「離騒」のいちばん初めにね、

帝高陽《ていこうよう》の苗裔《びょうえい》、朕皇考《わがこうこう》を伯庸《はくよう》と曰《い》ふ、摂提孟陬《せっていもうすう》に貞《ただ》し、惟庚寅《これこういん》に吾以《われもっ》て降《うま》る。皇覧《ちちみ》て余《われ》を

初度《はじめのとき》に揆《はか》り、肇《はじめてわれ》余に錫《たま》ふに嘉名《かみん》を以《もっ》てし、余《われ》を名《なづ》けて正則《せいそく》と曰《い》ひ、余《われ》に字《あざな》して霊均《れいきん》と曰《いえ》り。

と名前を付けてある、その名前は屈原でない訳だね。なぜ屈原でないかということが説明出来ないから、それで「離騒」は屈原とは関係がないという否定説もある訳ですけれども、大体宗教者になったら名前が変わるんです。俗姓は使わない。だからそれは別に一致しなくてもね、少しも不思議ではありません。

梅原 屈原は死においても人麻呂と重なりますね。

白川 そして中国の文学は殆ど『楚辞』から出て来る。漢代の辞賦《じふ》などは殆ど『楚辞』の形式です。だから『楚辞』の重要なものを覚えておるとね、『文選』《もんぜん》*46に出て来る漢代の賦《ふ》の難しいものが、大体読めるようになる。つまり句法とか表現法が同じですからね。一つの標準があって、当てごうてみることが出来るからね、読めるようになる。それで僕は若い時そんなおかしなものを覚えた（笑）。

梅原 中国のロマンティシズムの、或いはミスティシズムの原型みたいなもんだな。

ところが孔子の中にはそれは入って来ないんですよね。そういう巫祝の者の出でありながら、非合理な部分を切り捨てたようなところがありますね。本来儒家は祭儀を司っておるんですから、『楚辞』なんかをもっと採り入れてもよいようですが……

白川 いや、孔子はね、特にそういう部分を取り上げてどうするということではなくて、孔子自身は必ずしも神秘主義者ではないけれども、またそういうものを絶対に排斥するというものでもないんです。

梅原 それでは「怪力乱神を語らず」というのはどういう風に解釈しますか。

白川 それは何というかね、孔子が病気であった時に子路《しろ》*47が、彼は非常に忠実な弟子ですから、何とか先生の病気を治そうと思ってね、色んな者に頼んでお祈りさせたり、お札《ふだ》を並べたりして、色々やるんですよ。孔子はそういう巫祝から出た人ではあるけれども、必ずしもそういう形で色々祈禱《きとう》するということは好まん人なんだね。

それで子路におまえ何をやっとるんだって、聞くんですよ。そうすると子路はね、これはちゃんと典拠《てんきょ》があって、天地の神に祈るというような時に、こういうようなお祈りするという例があるから、その例に従ってお祈りをしておるんです、というてね。すると孔子は大変不機嫌でね、あんまりよけいなことを言わんのやね、あの人は。「丘《きゅう》の禱《いの》ること久し」という。それだけ。字にしたらわずか五字です。「丘之禱久矣」、わしはいつもお祈りをしておるのじゃと。

そういう、形式的に流れることは排斥をするけれども、例えば礼《れい》なら礼というてもね、「礼と云ひ礼と云ふも玉帛《ぎょくはく》の云ひならんや」、玉帛を捧げてどうするというのが礼ではない、心の

白川邸・書庫（書斎）

問題であると。心の内で祈る心を持っておれば、それでよろしいという、そういう風なことを言うておるからね。孔子自身は形式は排するけれども、その精神は重んずるという風な気持の人であった。

だから伝統については、かなり寛容であったんではないかと思いますね。一般的な心情として素直に受け入れられるというようなものについては、寛容であったんではないかと思う。だからいわゆる合理主義者でね、そういうものは不合理だ、という風な調子で、片っ端から論理的に破壊していくという風な質《たち》の人ではなくて、それでいいならばそれでもよろしい、というぐらいのね、寛容というか、一種の随順的な気持があったんではないかと思う。

ただ政治的な姿勢は別ですよ。これは非常に厳しかった。しかし人間的な在り方としてはね、素直に生きること、中庸《ちゅうよう》というのがいちばんいいんだ、角を立てんのがいちばんいいんだということを言うとるからね。

編集部　「怪力乱神を語らず」があまりに肥大して……

梅原　そこからね、孔子が合理主義者と……

白川　それはそんなことを言わんというだけであってね。

梅原　和辻さんの『孔子』でもね、そこを非常に強調してるんですよね。そこに依って孔子は合理主義者になってるんですよ。ちょっと違うんですね、そこは。

白川　むしろね、非常に人間的ですよ。

梅原　先生の本で気付いたんですが、孔子という人を考える時に、弟子との問答ですね、非常に大事なのは。弟子一人一人の人間を見て、孔子は語っている。だから、その人間を理解しないと、とても孔子の言葉は理解出来ない、と。問答が大変なんですね。『論語』というのは本来そういうものですか。

白川　孔子は甚だしいことをなさず、とにかく並み外れたということはやらんというね、いつでも非常に素直な人であったのではないかと思いますね。

梅原　一方で孔子は狂狷《きょうけん》の徒だといわれていますが。

白川　そうそう、それはね、政治とか社会とかの、そういう風なものの矛盾面を見ておるから、悪の面を見ておるからね。こういうものを直すのには、やはり一種の革命者ですね、彼自身は。

梅原　狂狷ですね。

白川　だけど人間的には非常に優しい人であったと僕は思う。

梅原　私もそうですけどね（笑）。どっかで狂狷だけど。

白川　それはどっかで狂狷でなかったらね、まともな人間ではないよ。

梅原　先生も狂狷の徒ですわ（笑）。

編集部　「僕はまっとうだぜ」といつもおっしゃいますけど。

梅原 私はそうじゃないよと言ってますけどね（笑）。
白川 ご覧の通りに、誠に素直な。
一同 （笑）
梅原 肝心の時は狂狷なんだ。
白川 学生なんかでもみんな言いますよ、優しい先生だと言う。
梅原 それだけじゃないですけどね（笑）。
編集部 最初に梅原先生がおっしゃった、白川先生が「孔子」を書かれた時、立命館大学においては学園紛争が激しくて、そのいちばん激しい、紛争の真っ只中で先生は孔子を書かれました。なぜその時期に孔子だったのか、という質問に戻るんですけど……
白川 僕はね、だんだんいわゆる体制化が厳しくなって来ておったからな、孔子はそういう頃にどうしたかなと思ってね。弟子たちはどうしたかなと思ってな。
梅原 やっぱり先生が孔子を書いたことは大変な……
白川 あなたは居られんでよかった。
梅原 僕は狂狷で追われた（笑）。
白川 後は無残なものであった。僕は自分の生まれた所やからな、おん出る訳にはいかんのでね。

梅原　結局先生は勝ったですよ。今立命館は先生を神さまにしてる。時代が変わればこれだけ変わるんですよ。狂狷の徒が中心になっちまう（笑）。孔子と同じです。

中国の神話——奪われたものがたり

梅原　白川先生の三作を選ぶとしたらね、絶対『孔子伝』は入れんならん。それに字書ですね、字書三部作。それからもう一つは『詩経』の研究だな。
　やっぱり中国のことを研究する人は、最後にはどうしても孔子に関わらねばならないと思いますよ。先生の『孔子伝』は、今まで儒教だけを研究した人とは全然違った、そういう孔子を浮き上がらせた。それにしても先生の学識はすごいなあ。色んなこと、よく知ってらっしゃいますね。中国の経典がみんな先生の頭に詰まっていると感じました。

編集部　そりゃ知ってますって（笑）。

梅原　意外だったのは、西洋のことをよく知ってらっしゃる。これにはびっくりした。

編集部　それこそレヴィ＝ストロース[*48]やミシェル・フーコー[*49]から、構造主義の学者まで、全部読んでらっしゃいますから。

白川　僕の作る字典はね、あまりにも非常識であるというて、学会からは黙殺されたんや（笑）。

梅原　いや、僕はこれは後世に残る名著だと思いましたね。それから先生の『孔子伝』を原典にしていつか作家がね、孔子の小説を書きますよ。僕が若かったら書くんだけど。

編集部　いや、梅原先生は書くっておっしゃってます。

梅原　十年は勉強せんと、とても無理でしょうね。文献全部読みこなさんとね、自分なりに。そういう出自の解らない私生児、しかもどん底の階級の私生児。そして理想社会の夢を描きながら容れられず、革命家として失敗に終わったというのはものすごい面白い人間です。そういう風に孔子を捉える作家は今までないんでね。誰かが後に書くと思いますけどね。やっぱりこれは本当に名著じゃないかな。

編集部　白川先生の本を読んでいると逆に日本が見えてきます。さっき梅原先生が行基のことをおっしゃいましたけど、墨子・墨家の職能集団がやっていた土木工事などのお話は行基集団とそっくりです。そして儒家のザンバラ髪と八瀬童子のお話——そこに白川民俗学が見えてくる。

白川先生には書かれていないものがまだまだあって、甲骨文になければ、金文になければ、推測に過ぎないといってまだお書きになっていない部分がいっぱいあるんですよ。これ、というきちっとした証拠を出せないものはお書きにならない。けれど、もう想像の世界はすごくありますので、そこら辺を書いて頂きたいです。「神話」も。そして神話文字[*50]ですね、甲骨文・金文以前の文字としての。

梅原　そうそう先生、中国の神話ですね。中国の神話というのは、今まであまり注目されてなかったような気がしますけどね。ギリシア神話はよく知られてる、ローマ神話は知られてる、日本の神話は知られてるけど、中国の神話って、あんまり知られてないような気がしますけどね。

白川　日本の場合には神話が一つの国家神話的な形で統一されてね、本来別々のものが何か関連があるという風な形にそれぞれ部署が与えられてね、まとめられて、そしてそういうまとまったものが神話であるという考え方が我々の中にあった。

梅原　ギリシアもそうですね。

白川　ところが中国のはバラバラなんですね。それは非常に古くからあった部族国家が、それぞれみな神話を持っておった。それが色々、滅ぼされたり移動したりする間にね、場合によっては受け継がれることもあるけれども、或るものは滅びてしまう、という風にしてね。まとまった形では殆ど残ってないんですね。

しかし残されたものが、先刻言いましたように『楚辞』の中に、或いは『荘子』の中にたくさん出て来る。それから『山海経』という大変不思議な書物にね、あの中にまた色々な神像が

「亜《あ》」という象《かたち》

玄室。墓を護る。

死者の横たわる部屋・玄室は、四方の隅を切った形。なぜ？

それは魔除け。

死者の肉体を侵す悪魔の入るのを防ぐ、呪的行為。

この亜の形を図象標識として用いた氏族はきわめて多かった。

その図象、一見いかにも漢字と似ているが、文字とは異なるという。しかし図象の象は漢字に繋がる。そして、「岳」の象にみられる神話文字もまた、漢字の祖といえる。

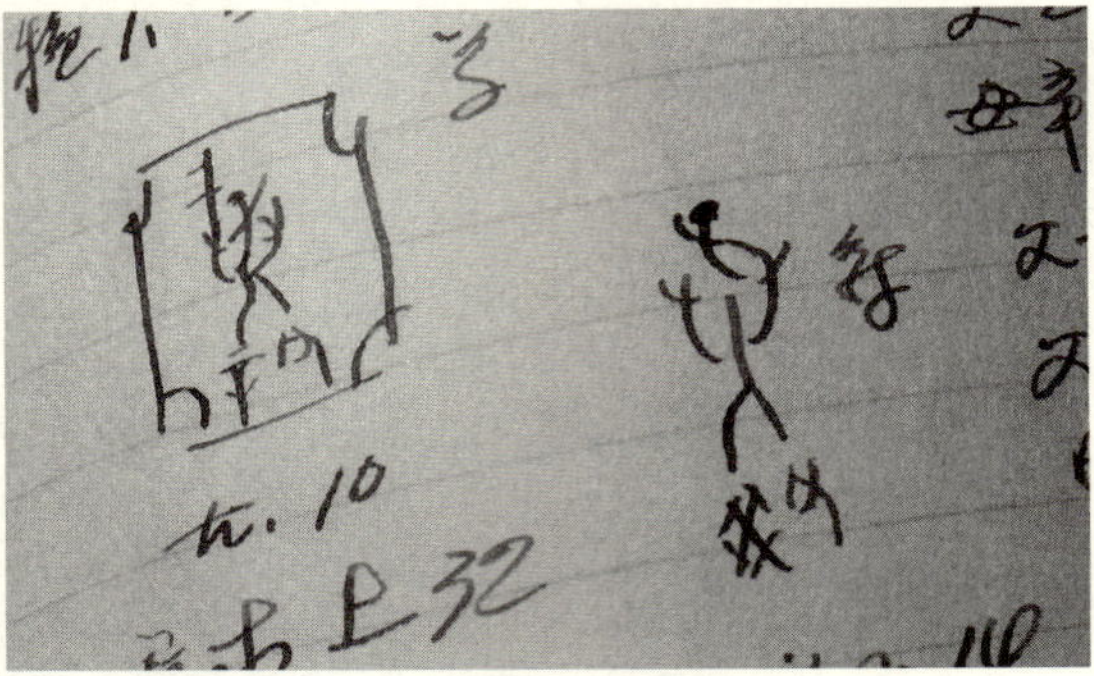

「白川静ノート」より。
昭和三十年頃。

山の上に羊が乗っている。「岳」の神話文字。

出て来る。
　これがね、まとめようがないんですね。それを戦国時代に無理矢理に皇帝の帝譜を作って、先に言ったように堯・舜・禹・湯・文・武・周公と、そういう神聖王の系譜にした。だからそれを神話の時代にまで及ぼしてね、何とか系譜化しようという風な形でやったものはあるんですけれどもね、だけどもバラバラでそれぞれが孤立しとる訳ですな。だから結局まともな神話がないということになって、あんまり注目されておらなかった訳です。

梅原　殷の時代にそういう大帝国を、神聖国家を作ったんだけれども、殷の時代に神話をまとめるという作業が行われたことはなかったんですか。

白川　殷の王朝が自分の王朝的な伝統の中で組織出来るようなものは取り容れておる訳ですね。しかしこれが果たして殷の神話かどうかと思われるようなものもありますけれども、甲骨文の中に祭祀の対象として、自然神やその他の神さまが色々出て来ます。
　それから先の岳神《がくしん》・伯夷《はくい》なんかでもね、これは神話文字で出て来る。山があって、その上に本当の羊が書いてあるんです。そういうものがね、図像のままで出て来る。これが本当は後の「岳」という字の元になる字ですけどね、（書きながら）後の「岳」という字は羊をこう書いて、これが「岳」という字になる訳ですけど、ここへ羊が居る。横向きの羊の姿がここへ書いてある、そういう字がある。そういう風なものが甲骨文に出て来るんですよ。そうするとその時分に岳神・伯夷の神話というものが、彼らに実際に知られておって、そしてそれをお祭の対象とするとか、色々タタリをするので岳を祀らなならんという風にね、祭祀対象としても出て来るんですね。

編集部　先生の『中国の神話』を読んでましたら、羌の洪水神の共工《きょうこう》が最も古い神のような気がしたんですけど。

白川　共工は苗族《びょうぞく》の神と戦う訳でしょ、洪水神でね。洪水神というのはね、黄河の洪水神、それから揚子江の洪水神、揚子江のまた中流とか、大きな流れのある所に、洪水神はたくさん居るのですね。その地域の部族はみなその洪水神を自分の神話の中に持っておる。

ところがその勢力関係でね、その洪水神同士が戦うて、例えば共工が敗れて、山に葬られたというのが『山海経』に書いてありますね。そういう風な神話として伝えられる。本来は実際に神話として生きておった時代がある訳ですね。そういう風なものが形骸的に残ったのが『山海経』。

編集部　そうすると洪水神でも時代順に並べるということは不可能な訳ですね。

白川　本来地域的なものだからね。

梅原　日本神話というのも、実際はあちこちに語られておる神話を一つの体系にまとめたものでしょう。非常にそこに無理があるんですけどね。中国は殷も周もそういう神話を統一するという要求を持たなかったんですかね。

白川　それは違った神は信仰しないという考え方がある。その神にあらざれば祀らず、というね、違った神さまを祀るということは決して幸せなことでないという考え方がある。

梅原　ギリシアでも『神統記《しんとうき》』＊51とかで、統一しようとする動きがあります。別々の神を祀っている部族を一つの民族として統一しようとする要求の中から起こって来たのでしょうね。日本神話も、ギリシア神話もね。中国は自分の神しか祀らないので、神話が落ちた訳ですか。

白川　神話が滅びるんです。

梅原　そういう伝承を集めたのが『山海経』と考えてよろしいでしょうか。

白川　そうそう。

梅原　あれはけったいな本ですけどね。よう解らんけど。しかし僕は四川省《しせんしょう》へ行って、そして例の三星堆《さんせいたい》に行くと『山海経』にある扶桑《ふそう》の樹があった。銅製のとても大きい樹に、十《とお》あるという太陽が鳥となって止まっているのです。『山海経』が遺物となって出て来たみたいですね。日本を扶桑の国といいますが、それは太陽が車庫に入って休んでいる国なのだと、妙に感心しました。

白川　鳥が止まっておってね。

梅原　太陽の化身としての鳥ですね。

白川　ああいう形式のものはいくつかあるんです。他にもあるんですがね、十日説話《じゅうじつせつわ》[52]というのはわりに広くありましてね、殷も本来は十日説話を持っとったはずなんです。自分の王さまの名前を全部十干《じっかん》の名前で呼びますからな。太陽が十干の名前で呼ばれるように、王さまも全部十干の名前で呼んどるからね。だから十日説話は殷にもあったはずなんです。

梅原　十ある太陽が全部出とったら大変暑くなるから、調節した訳ですね（笑）。

白川　それでその太陽を司る一人一人の巫《ふ》が、神巫がおる訳ですね、十巫。

梅原　あの鳥は烏ですね。烏が一つ一つの太陽を司っている。三本脚の烏と思うな。

白川　太陽の烏ですな。

梅原　熊野の烏も脚が三本ですからね。

編集部　八咫《やた》の烏。

梅原　どこかそういう信仰から来てるんですよ。稲作農業と繋がってると思いますけどね。アマテラスなんてのもそうです。それと繋がってるんですね。脚が三本というのは、日の出の太陽と、日中の太陽と、日の入りの太陽と、その三つの太陽の性質を表わしている。三星堆の扶桑の樹を見ると、神話の世界が眼の前に出現して来た感じで大変面白かったですけどね。

白川　そういう神話はね、もともと孤立的にたくさん伝わっておった。各部族の間にね。だから春秋時代頃になりますと、王さまの墓を築く時に、画像石《がぞうせき》[53]ですね、墓室の裾の所をレンガで叩いて、ずっと飾りますね。そんな所に、そういう神話や故事の画像がずっと飾られる。その画像石が、これが時代順とか地域別とかそうきちんと区別しないのです。個別的な神話が色々伝えられておるから、前後の別がない。だからある形のままにね、そのままうたったのが、『楚辞』の中の「天問《てんもん》」という作品です。その中で、四句一節ごとに、一つずつ神話がうたわれている。総てで九十三節、約百二十ほどの神話が、そういう形でうたわれている。一つの神話として統一された形ではなくてね、それぞれの伝承としては伝えられているんですが、体系化されていない。

梅原　そこが大きな違いですね。そういう各部族の神話を見ることによって、羌人が古いとか、南人が古いとか、時代順に並べることは難しいですか。

白川　それはね、地域的には解る。沿海族とか南方族、例えば卵生説話《らんせいせつわ》*54を持つものは沿海族、重黎《ちょうれい》神話を持つものは南方族というように、色んな神話に特徴がありますからね。地域的にどの部族がどんな神話を持っていたかということは解ります。だけど時代順になるというのではなくて、それはかつて古い時代に、そこにこの部族が居ったということであって、時間的に系列化されるというものではない。

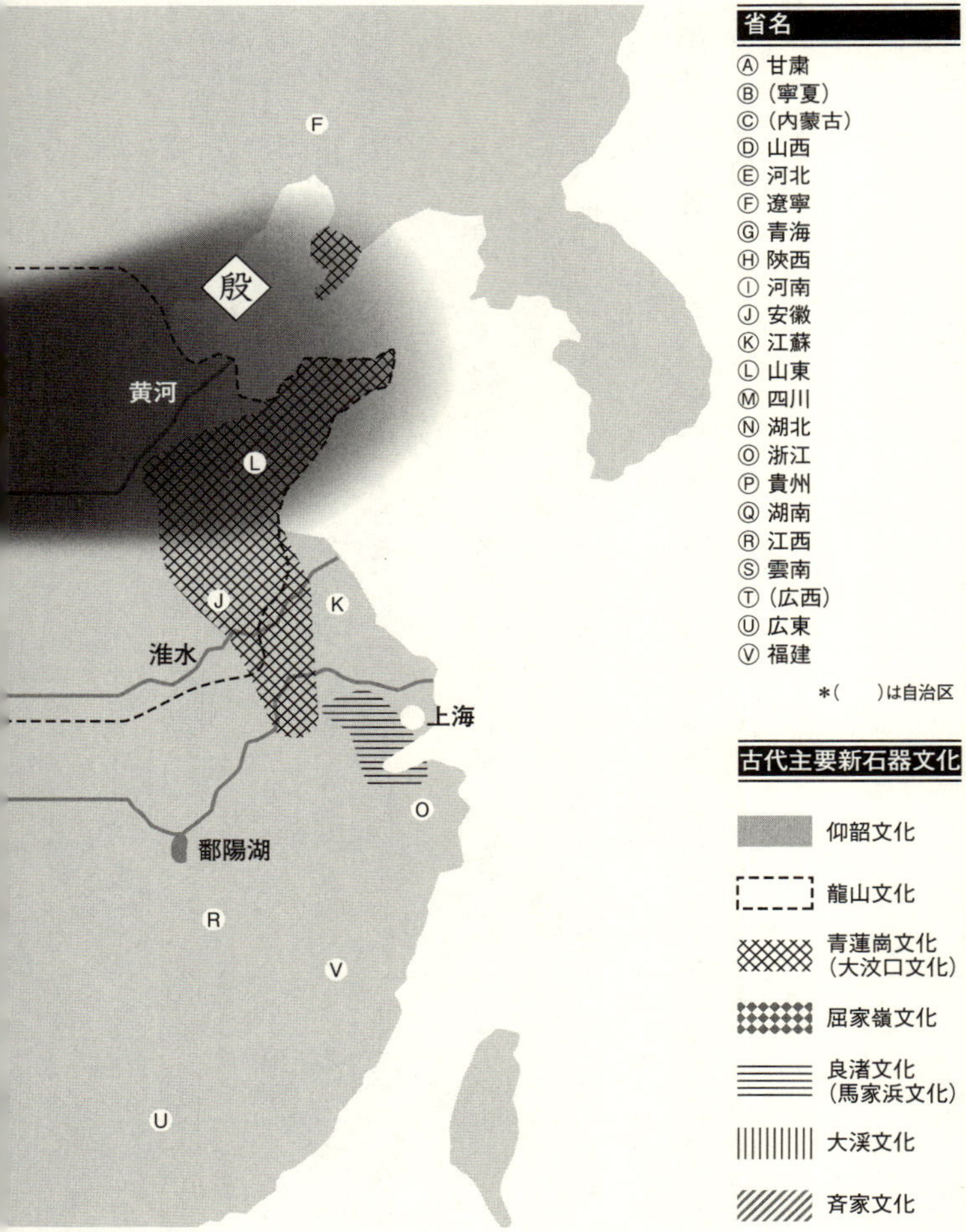
F
殷
黄河
L
J
K
淮水
上海
O
鄱陽湖
R
V
U
省名
Ⓐ 甘粛
Ⓑ（寧夏）
Ⓒ（内蒙古）
Ⓓ 山西
Ⓔ 河北
Ⓕ 遼寧
Ⓖ 青海
Ⓗ 陝西
Ⓘ 河南
Ⓙ 安徽
Ⓚ 江蘇
Ⓛ 山東
Ⓜ 四川
Ⓝ 湖北
Ⓞ 浙江
Ⓟ 貴州
Ⓠ 湖南
Ⓡ 江西
Ⓢ 雲南
Ⓣ（広西）
Ⓤ 広東
Ⓥ 福建
＊（　）は自治区
古代主要新石器文化
仰韶文化
龍山文化
青蓮崗文化（大汶口文化）
屈家嶺文化
良渚文化（馬家浜文化）
大渓文化
斉家文化

古代中国民族の誕生と移動イメージ図

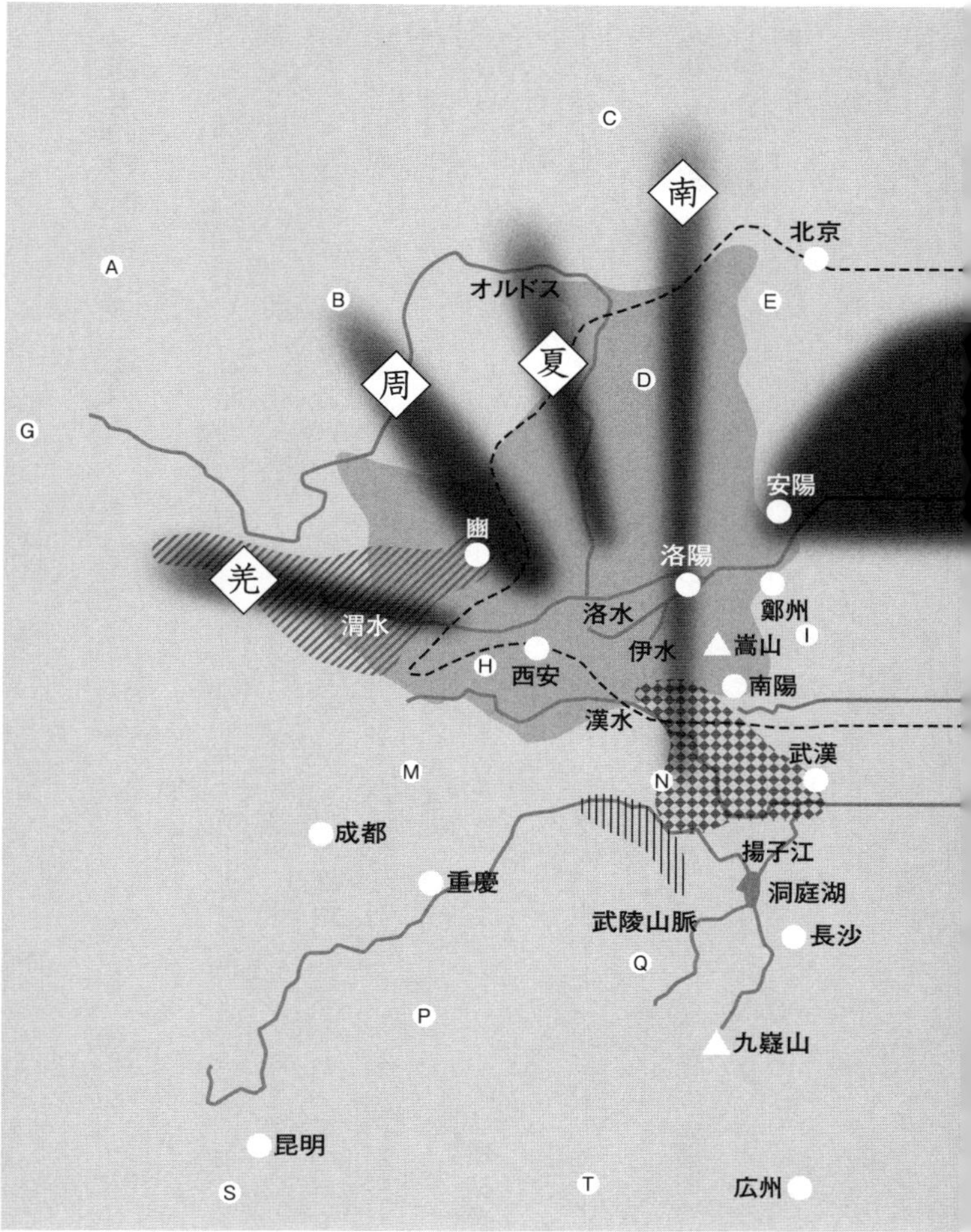

梅原　私が興味を持っているのは少数民族なんです。アイヌの人たちに興味を持ったのは、彼らが縄文の遺民であり、縄文文化を理解するにはアイヌ文化を理解しなければならないと思ったからです。縄文時代のことで考古学では解らんことは、アイヌの風習で解いたんですが、それは大体当たっている。これはうっかりしていて知らなかったんですが、アイヌの人たちは貝塚を江戸時代まで作っていた。現代まで作っている所もあります。縄文時代で終わったと思っていた貝塚が江戸時代、いや現代まで作られていたんです。そうするとアイヌはやはり縄文の遺民である、という私の仮説が証明されると思うんですがね。

　そうすると色々、苗族とか彝族《いぞく》*55とかありますね、そのような少数民族を少し四川省で見て来たんです。彼らの文化は高いんですよ。決して野蛮じゃなくて、漢民族より高いんじゃないかと思わせる。それはやはり、或る時代の文化をずっと保持している。漢民族の文化の影響で変化はしているけれど、ずっと或る時代の文化を保持している。これは僕の勘だけど、これが白川先生の研究とうまく繋がると、また色んな事が解ってくるんじゃないかという予感がする。

白川　苗族については鳥居龍蔵《とりいりゅうぞう》*56が現地に入って調査した記録があり、その文化は非常に古いと思います。

それで殷王朝が苗族を警戒して、武漢三鎮《ぶかんさんちん》の辺りに呪鎮として鐃《どう》を埋めた。それから洞庭湖《どうていこ》辺りに、銅器を向こうの武陵山脈《ぶりょうさんみゃく》に向けて埋めたものが出た。それは人面方鼎《じんめんほうてい》とか四羊犠方尊《しようぎほうそん》など、特に立派なものが多くて、山中に埋めてある。だから呪鎮ですね。ということは、ここに居た南人の勢力が、殷の時代においても、警戒に価するほど強力だったということです。

それから銅鼓に描かれている絵を見ますと、彼らは洞庭湖の辺りを舟で行動している。この辺一帯は沼沢地帯で、昔、中国で南海といったらこの辺りをいうんです。ここでいちばん活躍していたのが苗族なんです。図を見ると舟の上に銅鼓を置いて、乗ってる武人がみな羽根飾りを頭につけて、生首をぶら下げるという内容になっている。だから非常に強悍な部族ではなかったかと思います。それがだんだん後には漢人に圧迫されて、山に追われてしまうんです。今も山の中で苗族自治区になっている所は、漢人は入れない。

苗族は非常に古い伏羲《ふくぎ》・女媧《じょか》あたりの伝承をみな持っているんです。その神話をうたったものが六十何篇も採集されている。中国の古い伝承と思われるものを、彼らは歌にして伝えている。これは本来自身のものであるか、外から伝えられたものであるか、よう解らんのです。

『尚書』の中に出て来る「呂刑《りょけい》」という篇があって、この呂というのは姜姓四国の一つです。呂或いは、甫《ほ》ともいうが、この国が南人と対抗してね、「南人というのは凶暴であるから、天帝の命を受けて刑罰の法を作る」といって作ったのが「呂刑」という篇です。これは文献としては非常に古いものだと思う。この中に伯夷が出て来る。伯夷が刑罰を制定した。ところがまた、皐陶《こうよう》＊57というのは伯夷と同じ系統の姜姓の祖先神ですが、その「皐陶謨《こうようぼ》」にも刑罰を作る話がある。伯夷典刑という名前で普通は呼ばれるんですが、この時代に姜姓の国が非常に活躍しとったんだろうと思う。この姜姓の一番の敵が南人だったんだからね。

梅原 やはり彼らは稲作民族だと思いますね。稲作民族には鳥の信仰があったと思うんです。今でも京劇やる時は頭に鳥の羽根を被りますが、これは昔の習慣が残っているんじゃないかと思います。そういう長江流域の民族の生き残りのような気がしてしょうがないなあ。少数民族の中には古代の歴史が残されているのではないか、と思います。こういう考え方は漢民族が嫌がるけれどどね。そういうあたりのことは先生のお話と結合されていくと、はっきりしていくと思いますよ。

白川 古い伝承をしっかり持っているのはやはり苗族ですね。他の民族のは本来の形であるかどうか疑わしいものもある。苗族のは神話から始まっておるからね。だからおそらく、ここ江南に強大な勢力があって、それと対抗する形で北方の勢力が動いたのではないかと思います。

西周の時代にもね、今の南陽《なんよう》、あの辺に城を築かせるために、召公《しょうこう》＊58の子孫である召伯虎《しょうはくこ》が命ぜられて、謝《しゃ》という城を築いたということが、『詩経』の中にうたわれている。「大雅《たいが》」の「崧《すう》高《こう》」という、非常に長い雄篇でね、細かいところまで色々うたいあげてありますけど、この城も南方族に対する備えですね。当時、西周の盛んな時代においても、南方の勢力は強かった。

殷と日本——沿海族の俗

編集部　「沿海族」というくくりの中では殷も日本も夷族であると、殷の文化が日本に残っているると考えてよろしいんでしょうか。

白川　沿海族の共通の特徴は前回にも言いましたが、まず文身《ぶんしん》の俗です。内陸には全くない。

梅原　殷には文身はあるんですか。

白川　殷は文字の上にね、文身の俗がたくさん残っている。身体に付けた文身は残りませんけどね。文身というのは、「文」というのが「人」の正面形に「イレズミ」を加えた形なんです。胸に心臓の形を書く。これは葬る時にね、ここに心臓の形を書いて棺に納めて、再生を祈ったんでしょうね。女の場合には乳房がありますから、こういう風な文字を胸の左右に付ける。これが「奭《せき》」、明らかという言葉で美しいの意。

女の人の白い肌にね、乳房の所へ付けるのです。生命力を回復させるために、強い朱で描くのです。場合によっては×を文身に使いますからね。×を付けると「爽」、さわやかという字となる。

梅原　そうすると「爽」という字は文身を付けた形なんですか。

白川　そう、亡くなった夫人に付ける。「誰々の妻」、例えば「武帝の爽（后）の某《ぼう》」という妻の字に使う。文身を入れて葬ったからでしょう。

梅原　男と女で違うんですね。

白川　男は胸間、女は乳房のあたり。生まれた時にはね、額に付ける。「产」という字ね、中に「生」を書いたら「産」になる。成人式の時にも使う。「彡《さん》」を入れると「彦」になる。顔へ付けますからね、「彦」に拝む形の「頁」を付けると「顔」になる。これらは通過儀礼やからね、身分の上下なしにやると思う。

　我が国では赤ん坊の場合はアヤツコとか、安産するように「犬」を書いたりするというんですが、生まれてから「犬」を付ける必要はないんですね。もとは「大」であったんでしょうけど、後で「犬クソ」とかね、地域によってまだ残っています。

梅原　柳田國男《やなぎたくにお》の「阿也都古考《あやつここう》」にね「昔は犬と書いたんだろう」という一文があるんです。ところが宮崎県の潮嶽《うしおだけ》神社は、海幸・山幸の海幸彦《うみさちひこ》*59が山に閉じこめられて死んだ所ですが、そのすぐ近くに潮越山《しおこやま》・越潮山《こしおやま》という山がある。海幸が「潮」の来るのを願って死んだ山です。その地域では子供が百日になると額に「犬」と書く。ここでは海幸彦は隼人《はやと》*60の祖先ということになっている。犬と書くのは犬の真似をする服従儀礼です。柳田のいうものがここで見つかった訳ですが、今、先生のおっしゃるのは殷でその習俗が行われ、周になってなくなる訳ですか。

白川　周にはないですね。陝西のような奥地にはない。

梅原　そうですか、沿海族しかないということですね。『魏志倭人伝《ぎしわじんでん》』に倭の人は入墨もしていると書いてありますね。それと繋がると思いますが、日本では縄文人が入墨をしていますが、弥生人になるとなくなる。だから縄文人はどうも沿海族のようです。

弥生人はしなくなるが、隼人とか蝦夷《えぞ》は入墨をしていた訳です。神武《じんむ》天皇が来た時に、海人族の安曇部《あづみべ》*61が目に入墨をしたという。これは言うなれば殷の風習ですね。そうすると縄文文化は殷の文化と繋がる訳です。それがずっと続いて、アイヌの人たちは、僕の知ってるハル婆ちゃんは、口の周りにこう入墨をしていた。このハル婆ちゃんはアイヌに生まれて十七歳の時にシャモ（日本人）の家へ子守に行った。それ以後はアイヌ語は使わなくなった。頭のいい人で昔のアイヌのことをよく覚えていて、さっと出て来るんです。

白川　沿海族の極めて特徴的なものは、文身と貝の文化ですから、殷は沿海族であったと僕は思う。殷は最後までその文化を持っていたと思う。ところが周の中頃になると、殷の部族自体が同化して、そういう固有の文化自体が崩壊するんです。一部は賤民となって細々と残っているる。だから北魏の時代にね、洛陽の片隅に殷人の子孫と称する者が、まだ残っておったという記録が『洛陽伽藍記《らくようがらんき》』＊62にある。

梅原　周になると貨幣は貝から金属になるんですか。

白川　金は金ですけど馬蹄金《ばていきん》か分銅金か知らんが、金はこう鋳型《いがた》に詰めて抜くから、丁度鉄道のレールを切断した形。金という字のこのところへこう金塊のような形が並べてある。それでこれは金（カネ）ですよという意味で、こんな風に「全」の形になる。これが金の塊として金何斤という風にして……この金というのは銅のことです。銅の塊一斤、そういうものをご褒美に与える。

梅原　上海《シャンハイ》で貨幣の博物館があったので見に行ったのですが、春秋戦国時代には非常に色々な貨幣の形があって、随分違うんですね。刀の形とかもあって。それが秦が統一した時に、貨幣も統一される。そして貝は使われなくなるんですね。貝は殷人だけが使っていた。

白川　そうそう、殷の時代だけ使ってます。

梅原　宋という国は殷人の国家だったんですか。

白川　その子孫が封じられた国です。

梅原　この宋という国は春秋戦国時代にはどんな位置付けだったんですか。

白川　それは風俗習慣もかなり違うので、特別扱いされておった。何か間の抜けた人の話は全部、宋の国の人の話。例えば「株を守る」というのは待ちぼうけの話、「宋人に……」という言葉で始まる。また舟からものを落としたが、舟が岸に着いてから探したという話もね。必ず「宋人に……」と始まっている。

梅原　今のどの辺りでしょうか。

白川　河南省《かなんしょう》の東北部でしょうね。鄭州《ていしゅう》の少し東の方。殷の古い都があったところです。殷はこの辺で四、五回都を遷《うつ》している。そしてのち鄭州へ入る。

梅原　先生は『老子』という本は宋の人によって作られたというお説ですね。これも面白い、超越的なものが出て来ますね。

白川　現実からは疎外されているところがありますから。

梅原　宋は実際には同化されて、殷の風習はなくなってしまうんでしょうか。

白川　いや、やはり殷の系統の者がそこには残っている。国を建てて何千人の単位で入っていますから、一応は続いておった訳ですが、しかし戦国以後、秦・漢時代になると全国的にローラーをかけたみたいに変動しますからね、地域的なものは滅びます。日本はそういう意味では、神代がそのまま残っている。

編集部　先生、あの「殷」という字ですけど、少し説明して頂けますか。

白川　「殷」は商の蔑称ですからね。扁《へん》は身重《みおも》の形。旁《つくり》は「叩く」。どういう意味か解らんけれども、妊婦を叩くんだから、何か呪的な行為としての意味があったんでしょうね。それを廟《びょう》中《ちゅう》、御霊屋《みたまや》で行う字形もある。妊婦の持っている特別な力を作用させるために、妊婦を叩く。「殷」というのは「盛んな」、「激しい」とか「破壊」、血が出る場合には「万里朱殷《ばんりしゅあん》たり」という風に、万里血染めになるという。だから非常に激しい意味を持った字ですね。

梅原　ああ、そうですか。これは面白いですね。その妊婦についていえば縄文の土偶《どぐう》は、全部妊婦なんです。成年の女性で、腹が大きい。これが一つめの特徴です。二つめは顔がみな異様な形をしていることです。ミミズク形とか円筒形とかハート形とか、いずれにしてもこの世の人の顔ではない。三つめは腹に縦一文字の筋がある。へこんでいるのも盛り上がってるのもあるんですけどね。四つめはみんな手足や胴体がバラバラになっていて、完全なものは一つもない、壊してある。最後は総てに当てはまるものではありませんが、丁寧に埋葬してあるものもある。この五つの特徴がある。

その土偶の意味が長い間解らんかったんですが、ハル婆ちゃんにアイヌの葬法について聞きますと、妊婦を埋葬するのがいちばん難しいと言うんです。というのは、子供が生まれるというのは新しく生まれるのではなくて、祖先の誰かが帰って来たということなんです。だから子供が出来ると、あの世のA家とB家の祖先が相談して、誰を帰すか決める。で、決まったら妊婦の腹に入って、月が満ちて生まれて来る。とすると、妊婦が死ぬとせっかく先祖の人がこの世へ帰って来たのに、閉じ籠められて出られないということになる。これは大きなタタリになる。ですから妊婦が死ぬといったん葬り、後に霊を司るお婆さんが墓に行き、妊婦の腹を割いて胎児を取り出し、妊婦にその子を抱かせて葬るということを聞いたんです。

そういうアイヌの話から土偶を見ると、「妊婦」「異様な顔」（死者の顔）「腹を縦に割く」（赤子を取り出す）「バラバラにする」（この世で不完全なものはあの世で完全という思想）「丁寧に埋葬されている」という条件が総て当てはまる。こういうことをある雑誌に書きましたら、福島県の方から手紙を頂いて、福島の方では明治の頃までは、死んだ妊婦の腹を割いて胎児を取り出し、妊婦に抱かせて、藁人形を添えて葬るという風習があり、それが法律に触れたといって裁判になったというエッセイを送って頂いたんです。この話を聞いて、この縄文の風習が日本の本州でまだ残っていたことに驚きました。土偶は藁人形と同じ役割をしているに違いありません。だから土偶は妊婦が死んだ場合に用いたものだということに間違いありません。ですから先生のお話をお聞きしますと、殷でも妊婦が特別な役割をする。殷で妊婦の腹を叩くというのは、縄文の妊婦の腹を切るという風習と繋がるのではないでしょうか。

この風習が、弥生時代になるとなくなるんですよ。入墨がなくなるのと同じようになくなるんです。やっぱりこれは生まれ変わりなんですよ。この世の人があの世へ行って、生まれ変わって来る。縄文時代の思想では子孫となって生まれ変わって来る。ところが弥生時代になると、甕棺《かめかん》なんか見ますと、個人の遺体を腐らぬように保存しようとしている。子孫として生まれ変わるのなら個人の遺体は保存しなくてもいいんです。遺体は霊の脱ぎ捨てる着物に過ぎない。
ところが弥生時代になると屍《しかばね》を大事にする。これは個人の不死という考え方ですよ。これ中国から来た思想だと思いますけどね。ですから妊婦の話を聞きますと、ひょっとしたら殷の時代にもあるんじゃないかと思いますね。

白川 生まれる時も死ぬ時も「衣」がモチーフになって字が出来るんですがね。例えば「産」という字もね、この「生」の所に、「初」(産衣)が入る字がある。死んでからの儀礼ですとね、殆どの字にみな「衣」が入るんです。

梅原 どういう意味なんでしょうか、死んだ時に「衣」というのは。

白川 例えば襟もとに祝詞を添えて、これ、「哀」ですね。これに「目」を添えて、胸に環《たま》を入れて、帰って来なさいと、これ「還」という字になる。

梅原 これ「目」ですか。

白川 そう、これ「目」です。

梅原 死んでから生き返って来るんですか。

白川 そう、「再生」することが基本で葬儀が行われる。

梅原 それで葬儀が儀式の中ではいちばん大切ですね。再生しなくてはならんから。

白川 死んで封じ籠める時、襟元を閉じるんですよ、これ「卒」という字。

梅原　「目」というのは重要ですね。遮光器土偶《しゃこうきどぐう》というのがありますが、こんな大きな目をしているのに中は堅くつぶれている。やはり死んだ人間なんです。ではどうして大きな眼窩《がんか》をしているのか。これは『ユーカラ』を読んでて解ったんですが、目のある死人と目のない死人が出てまして、目のある方は再生可能な死人を意味する。だから再生可能を示すために大変大きな目を付けた。目は再生のシンボルなんですよ。

白川　上に「目」を置いて、襟に「玉」を置いて、「環」。「玉」は生命の復活を意味した。

梅原　古代日本の信仰は「玉」なんですね。私が館長をしている三方《みかた》の縄文博物館が調査している鳥浜遺跡《とりはまいせき》*63と青森の三内丸山遺跡《さんないまるやまいせき》*64を見ると、米が出て来ないんですが、あとのものはみんな共通に出て来る。玉とか瓢箪《ひょうたん》とか。みな中国と同じものが出て来る。「玉」の甦《よみがえ》りの思想が入って来ていると思う。玉の文化は稲作より遥か前に入った。大変面白い話ですが、「衣」とはどういう意味でしょうか。

白川　「衣」はね、魂の受け渡しをやるという信仰がある。魂寄せ。『尚書』に「顧命《こめい》」篇というのがあって、例えば即位式の時、現在の王さまが余命いくばくもないという時、王の衣を脱がせて中庭に置く。そうすると跡継ぎが臣下を連れて中庭に臨んで、その衣を受け取るという形で、王位の継承をやるんです。

大体「依」という字は人に依りかかるんではなくて、人に魂を移すという意味です。真床襲《まどこお》衾《ぶすま》*65と同じです。憑依《ひょうい》、大嘗祭《だいじょうさい》と一緒です。殷と日本は衣に対する観念が似ていると思いますよ。

梅原　折口信夫《おりくちしのぶ》は新天皇が布団に横たわる前の天皇の屍の側で寝るんだという解説をしている。これでは死臭もするし、えらいこっちゃと思うんですが、先生のおっしゃる「衣」を受け継ぐということだったらよく解るんです。

白川　衣に霊が移る、それが憑依です。

梅原　一般の庶民ではどうでしょうか。

白川　記録がないけどね、褱（懐《おも》う）、襄（攘《はら》う）、喪（喪《うしな》う）、袁（遠ざかる）は、みな死喪の時、衣を使うことを意味する字です。今でも葬儀の時に、ああいう風に衣が使われるところをみると、そういう意識を受け継いでいるのだろうと思う。霊の保存とか復活とかに使うので、今も昔も、経帷子《きょうかたびら》など、民間でも使われていたと思いますね。

梅原　日本の仏教が葬式仏教になったのは、もともと縄文時代から死の儀式は最も大切な儀式であって、それを仏教が受け継いだので、仏教でも死の儀式が大切なものだからです。アイヌでも葬儀は非常に大切なものなんです。この場合に大切なことは葬儀はやはり再生の信仰なんだということです。現代ではこの再生の信仰が失われてしまって葬儀を大切にする記憶だけが残っている。だから僕は坊さんに、再生の信仰持たなあかんと言っているんですが、なかなか解ってくれんですね。

　今でも高野山《こうやさん》では空海《くうかい》が生きているという信仰があって、年に一度、入定したという日に空海が着るための衣を替えているんですよ。

白川　甲骨文で「死ぬ」というのは四角く囲った中に人が書いてある（）。棺に納めた格好、今の漢字に直すと囚人の「囚」。「囚」はまだ身体が残っているからね、再生可能です。それでね、骨だけになってしまうのは、骸骨だけが残って拝んでいる形、これは再生不可能な「死（）」。これはもう草原に捨てるから「葬（）」、野辺送り。

梅原　昔は捨てたんですからね。

白川　古い時代には捨てて、それで骨だけになったのを拾って来て祀る。「死」はその骨を拝んでいる形ですね。複葬の形式です。

梅原　日本では「捨て墓（埋め墓）」と「拝み墓」がありますね。

白川　未開の社会では、風化したのを床の下に入れたり、戸棚に入れたりした。

梅原　本来、屍は抜け殻みたいなもんですから、捨てたんですよ、鳥辺山《とりべやま》とか化野《あだしの》*66とかにね。亡骸《なきがら》というのは「殼」ですからね。

白川　「囚」は「死ぬ」という意味に使っているけれども、まだ再生の機会があって死んではいない。棺に納めて再生を待つ期間の意が、「囚」。

梅原　殯《もがり》の期間。

白川　死んだら骨になってしまうから。

梅原　だから殷と縄文が繋がり、周と弥生が繋がる。

兄妹・姉弟のタブー――近親婚の俗

白川　もう一つ殷と日本が似ているところは、同族婚・近親婚をやっていたのではないかということ。殷の方は甲骨文を見ていても、異族婚の形跡がない。

梅原　しかしどこかで性のタブーはあったんでしょうね。

白川　甲骨文だけではね、そこまで解りませんけど。

梅原　異族というのはどの範囲ですか。

白川　その場合、中国では必ず「姓」がある。この姓が殷にはない。周の場合は「姫《き》」でしょう。羌族は「姜」姓です。姫・姜は相互に通婚関係がある。後には殷は「子《し》」という姓になっているが、子という姓は他にどこにも出て来ない。これは王子がみな土地を貰うと、例えば鄭に土地を貰うと、「子鄭《してい》」という名に、雀《じゃく》に土地を貰うと「子雀」という風にいう。これは後の字《あざな》の付け方ですね。殷には姓がなかったから、この子を姓とするより仕方ないのでね、殷は子姓ということになっている。だけどそういう姓組織があったとは甲骨文にみえない。だから僕は異族婚の規定はなかったと思う。

梅原　アイヌなんかみると女性は貞操帯を持っている。母親と同じ貞操帯を持っている女性とセックスしてはいけないというタブーがある。父親は関係ない訳ですね。だからそうすると父方のいとこは構わない。日本でもそうなんで、同じきょうだいでも母が違えば構わない。母が同じだといけない。軽皇子《かるのみこ》＊67なんかは同母妹とセックスしたから皇太子になれなかった。

白川　壬申《じんしん》の乱の時、天智《てんち》と天武《てんむ》が争った訳ですが、天智の娘四人が天武の后になり、また二人は天武の子に嫁している。兄弟の間で、しかも子供を、これは大変なことというか。

梅原　正に禽獣《きんじゅう》の行為ですわな。

白川　殷では近親婚があったのではないかと推定されるんですがね。それは武丁《ぶてい》の后と考えられておる婦好《ふこう》という女性は、殷がもし子姓であれば殷族ですわね。しかもこの婦好の墓は武丁の墓に匹敵する位の立派な墓だった。

　歴代の王と場所を変えてね、皇帝の墓は東の方に十一基あるんですが、この婦好の墓だけは殷墟でも西に離れた所にある。しかも別の墓がその上に造られておったためにね、盗掘を免れていて、完全に築造当時の形が残されていた。他の墓は全部荒らされていて原型を留めていない。

この墓は装身具の細かい所まで総て残っていて、顔のどの部分にどういう玉があるかということまで全部残されていた。それから青銅器が周りに二十個くらいコの字形に並べてあった。その配列の順序がね、右角の方に男の祭祀官、左角の隅に女の祭祀官、その中間に婦好の器、それから両脇に婦好の兄弟・眷属《けんぞく》とか……

梅原　殉死ですか、殉死ですね。

白川　いやいや器物、青銅器、そのような銘が入っておる銅器です。だからね、おそらく他の王墓もこういうような姿だったろうと思う。この墓が唯一の見本ですね。

この婦好がね、武丁の后でありながら、兵三千を率いて出陣するとか、将軍として活動している。それで僕はこの婦好自身が動いているのではなくて、婦好の家がそういう義務を負《お》うたのではないかという解釈をしているんです。ともかくこれは近親婚に違いない。これから考えて、殷には姓組織がなかったと思う。姓組織というのは遊牧民族の間で生まれたらしいのです。羊飼《こ》うたりしているとね、優生学的な遺伝関係がよう解るんです。農耕民族ではそれがないんですよ。だから周は多分遊牧をやっておった。

梅原　場所からいっても遊牧ですね、あの辺は。

白川　周は陝西、殷は沿海から出ておるからね。

梅原　周では農耕やってたといっても小麦・稗・粟でしょう。だから牧畜が主だと思うな。

白川　日本では後でも、皇后を立てるのに皇室の系統でなけりゃいかんというてね、家柄のことをやかましくいうけれども、天智・天武の場合はね、あんまり激しいんでね、何か天皇霊的な継承の信仰があったんではないかと思う。

梅原　そうですね、次の皇子を出来るだけ血縁の濃い人にしようとすると、どうしても近親婚にならざるを得ない。血の原理が優先する。でも同母兄弟姉妹だけはいけない。やはり母が一緒だと一緒に住んでいますからね、それは許されない。殷と周の違いが日本では大変遅れた段階で、再現されるんですよね。

白川　殷と周とはね、はっきり違うけれども、殷と日本とは非常に似たところがある。

死・再生の思想——鳥が運んだものがたり

梅原　縄文時代でも弥生時代でも死・再生の思想がある。縄文時代の死・再生は、霊はこの世で肉体を脱ぎ捨ててあの世へ行く。また新しい肉体をまとって、子孫になって帰って来るという考えです。しかしキリスト教と同じく死体を大切に保存する弥生時代の死・再生は、個人の霊が死・再生し、また昔の身体に帰って来るという考えでしょう。殷の思想は縄文の思想に近いと思いますよ。やはり「死・再生」ですよ。魂が古い屍を去って、あちらへ行く。無事あちらへ送らなくちゃいけない。そういうのが大きな願いなんですよね。生まれるのは、今度はあちらからこっちへ帰って来る。

死・再生というのは東洋の重要な宗教儀式だと思っているんですね。例の伊勢神宮の柱もそうですね。

編集部　心《しん》の御柱《みはしら》。*68

梅原　御遷宮《ごせんぐう》ですね、御遷宮の柱を二十年ごとに立て替える。それと同じようなものが「諏訪《すわ》の御柱《おんばしら》」。*69 これは七年に一回だけども、それよりもっと古い柱の立て替えの儀式の跡が能登にある真脇《まわき》*70という遺跡です。ウッドサークル。栗の木を半分に切断して、切り口を外にして、柱が十本サークルをなして並んでいる。しかしそのウッドサークルは何年かに一回立て替えられている。そういう柱の跡がいっぱいある。そこからまたイルカの骨がいっぱい出て来るんです。このようなウッドサークルの遺跡が北陸にいっぱいある。それが諏訪の御柱や御遷宮の原形であると私はみています。

白川　ほほう。

梅原　御遷宮のように木を作り替える儀式は縄文まで遡るんですよ。そこにはやはり生命の再生ということがある。木は腐る、だから腐らないうちに、神の生命が滅びないうちに、また新しい神の命を入れ替えてですね、ずっと伝える。こういうのがですね、私、日本の宗教の基本だと思ってますが、先生のお話を聞くと、こういう儀式をもっと壮大にしたのが殷の姿だと、字の作り方なんかで感じるんですがね。

白川　中国ではね、鳥形霊《ちょうけいれい》*71という考え方があるんですが、これはやはり祖先が回帰するという考えに繋がっておるんじゃないかと思う。季節的に決まった鳥が渡って来るでしょ。

梅原　水鳥ですね。鳥の信仰が殷にはありますか、鳥は霊ですか。

白川　あります、鳥は霊です。星でも鳥星《ちょうせい》という星を特別に祀っています。どこにある星か知らんけど、甲骨文に出て来る。特別の信仰を持っておったんではないかと思うんですがね。

梅原　アイヌにね、イナウというのがあるんです。御幣《ごへい》の原型ですがね、このイナウに手や足がある。イナウラップというのがあってこれはイナウの羽根なんです。手や足でなく羽根というのはおかしいなと思ったら、鳥なんですよ。鳥に祈りを捧げてね、神さんとこ行ってくれと祈ると、御幣が鳥になって飛んで行くんですね。

だから今の日本でやる玉串《たまぐし》というのは、あれ、羽根ですね、ひらひらしているの。これはやっぱり僕は共通の信仰だった気がしますね。はっきり出て来ますか、鳥は。

白川　ええ、色んな民俗的なものにも出て来てね。例えば軍隊を進めるかどうかという時ね、「隹」書きますわな、「ふるとり」。

梅原　これ鳥ですか。

編集部　象徴的な鳥です。

白川　それでね、軍隊を進めるかどうかという時にね、これで占いをやるんです、「鳥占《とりうら》」。それから神さんの祀ってある所にね、鳥を置いて神さまの反応をみるんです。これ「雇《こ》」という字ですが、これ神さまを連れて来るという意味。だからこれを拝む場合、「顧」という字になる。この鳥によって神意を諮《はか》るということはね、色んな方法でやっておる。

梅原　鳥と神とはどう関係するんですか。

白川　鳥はね、祖霊との繋がりがあるんではないかと思う。

梅原　特に渡り鳥。水鳥。

白川　うん、鳥が渡って来る所に水があって、村を造って、そしてそこに祖霊を祀る。これ丸い池のある所でやりますんで、「辟雍《へきよう》[72]」という。「雍」の本字は「雝」。「水」と「邑」と「隹」。丸い池だから「辟」、この辟は「璧」の声符で円いものの意がある。だから大池に囲まれた円形の聖所、つまり霊廟のことです。日本でいえば伊勢神宮に相当する。これ、渡り鳥がやって来る所へ神殿を建てて、周りを隔離して、そしてお祀りする。

梅原　鳥は基本的に霊のシンボル、鳥占いはホメロス[73]なんかにもありますね。

編集部　まだまだお話が続きそうで。先生、最後に申し訳ないんですが、末裔の「裔」という字に「衣」が付きますけれども、これもちょっと、ご説明頂けますか。先刻の「衣」と「魂寄せ」の話のまとめになりますので。

白川　「裔」という字ね、下の部分は台座、魂を受け継ぐ人の台座を置いて、その下へ祝詞を置いて、そして上に衣をかけ、先祖の霊を継承する、そういう字です。これが子孫を意味する後裔《こうえい》の「裔」。

梅原　衣ですか。これも日本と同じだな。もっと聞きたいなあ。

しかし今日のお話は面白かった。殷と縄文には共通のものがある。そういうことを言った人はない。先生は私よりも予言者ですね（笑）。

編集部　ものがたりがものがたりを呼んでくる。漢字のものがたりには終わりがない。改めてお時間を頂ければと思います。

（二〇〇一年八月三〇日　白川邸にて対談）

註

＊1――**司馬遷**（前一四五？～前八六？）　中国の歴史家。父の遺言に従い、『史記』を執筆。漢の武帝により宮刑を受けたが、その恥辱に耐え宦官となって『史記』を完成させた。

＊2――**ソクラテス**（前四七〇か四六九～前三九九）　古代ギリシアの哲学者。石工の子という。無知の自覚の必要性を感じ、「無知の知」を説いた。著作はない。死刑囚となり、毒人参

の汁を飲んで死んだという。

＊3――陽虎（生没年不詳） 魯の国の人。『論語』中では陽貨。初め、季氏に仕えたが、勢力を強め、前五〇五年、クーデターにより魯の専制を樹立。三年後に失脚し、斉に亡命した。その後、宋・晋でも活躍。

＊4――晋 魯などと同様、春秋戦国時代に勢力をもった諸国の一。晋は山西省に勢力をもった強国で、文公は斉の桓公に次いで覇者となったが、春秋の後半には大夫（領地を持つ貴族）の勢力が増し、前四五三年に韓・魏・趙三家に分割された。

＊5――「丘の河を渡らざりしは命なるかな」 『史記』の「孔子世家」に見える孔子の言葉。「亡命中の私が黄河を渡って晋に行けなかったのは天命であった」という意味。

＊6――三桓僭主 三桓とは魯の第十五代桓公から出た孟孫・叔孫・季孫の三氏のこと。三家で実権を奪い、軍制・徴税権までを掌握したが、魯の衰退を招いた。

＊7――文・武・周公 孔子が理想とした古代の聖王の系譜。いずれも生没年不詳。前十一世紀に周王朝を創設し、その基礎を固めた。文王が天帝より中国を支配すべき天命を受け、武王が実際の軍事行動によって天下の支配を確立したとされる。武王の死後は、弟の周公が幼い成王を助け、周王朝の諸制度を定めた。孔子は特に、周公が定めたとされる礼楽制度を重視した。

＊8――『詩経』の二雅 「雅」は舞楽の時に用いる歌の意。「小雅」と「大雅」があり、「小雅」は祝いの詩であり、また戒めの詩である。「大雅」には周王朝建国の伝説を叙事詩風に歌っ

たものがある。

＊9――「関雎」の乱　「関雎」は『詩経』「国風」の最初に位置する詩。「乱」は「関雎」の楽曲の最終章。美しい恋愛詩で、孔子はその楽曲を聴いて「のびのびと耳いっぱいに満ち溢れるようだ」と言っている。

＊10――「述而」　『論語』の中の一篇。孔子についての記録が多く、その意識的編集の跡を伝えている。古典から古代の聖人に学ぼうとする、経学の基本となった篇。

＊11――孟子（前三七二頃～前二八九頃）　名は、軻《か》。中国、戦国時代の思想家。仁義礼智の徳を重んじ、王道主義を称えるが、実際の政治には受け入れられなかった。著書『孟子』。

＊12――後車数十乗　「数十台もの車を後ろに連ね」という意味。
　孔子は狂狷の徒を愛したが、狂にも古今で区別があるとし、「古の狂や肆《し》、今の狂や蕩《とう》」（「陽貨」）という。肆とは自由闊達の意だが、蕩とは自己抑制のないことをいう。孔子の没後、狂狷の徒は次第に蕩へ、即ち群不逞の徒へと流れた。白川静は大集団で諸国を寄食して廻った孟子もそのような存在だったとする。

＊13――鄒衍（前三〇五～前二四〇）　中国、戦国時代の思想家。孟子より時代は少し遅れる。斉の人。陰陽五行思想を組織的に整理し、王朝の交替を陰陽五行の転移によって説明した。また、五行の土に当たる黄帝を中心とした各地の神話の系譜化にも影響を与えた。

＊14――荀子（前二九八？～前二三五頃）　名は況《きょう》。中国、戦国時代の思想家。礼治主義を称《とな》えた。著書『荀子』で性悪説を称え、礼をもって秩序を正すべきと説く。

＊15――**韓非子**（?～前二三三頃）　中国、戦国時代の思想家。韓の貴族の子。著書『韓非子』（但し総てが韓非子によるものではない）では、厳格な法で人民を統制すべきと、法治主義を説く。

＊16――**堯・舜**　両者とも中国古代伝説中の帝王。堯が舜に帝位を譲ったとされる。堯は元来、土器の神で、帝堯陶唐氏と呼ばれ、舜は殷人の神話に由来する太陽神であった。

＊17――**湯**　殷王朝の創設者。卜辞では大乙と呼ばれる。伊尹《いいん》等の賢臣を用い、異民族をも心服させ、暴政を行った夏王の桀《けつ》を攻め滅ぼし、殷王朝を創設したという。

＊18――**架上（説）**　自らの優位性を主張するため、様々な学派が、後になるほど、より以前の聖王を作り出した、という説。孔子が周公を、墨家が禹を、孟子が堯・舜を、道家が黄帝をという順で架上されていった。

＊19――**（J・G・）フレーザー**（一八五四～一八九一）　イギリスの社会人類学者。人間の思考様式を世界規模で比較。著書『金枝篇』では「王殺し」に始まる呪術・穀物神誕生説話など、未開人・古代人の信仰や習俗を比較研究。

＊20――**八瀬童子**　天武天皇の戦傷を癒した「竈風呂《かまぶろ》」や、後醍醐天皇の叡山行を助ける等、天皇家と関わり深いものがたりを背負う八瀬の里（現・京都市左京区八瀬）の住民の古称。現在も天皇の葬礼には輿《こし》を舁《か》く。

＊21――**行基**（六六八～七四九）　奈良時代の僧。聖武天皇とともに「大仏造立」の立役者として有名だが、むしろ行基が率いた「行基集団」が今注目される。土木工事と葬送の儀を司る

この集団は全国を遊行、寺を建て、仏を刻し、橋を架け、井戸を掘り、火葬も行った。

＊22――**鴻門の会**　中国・秦末期の故事。前二〇六年、沛公（後の漢の高祖劉邦）は鴻門に駐屯する楚の項羽の許を訪れ、先に秦の都・咸陽を攻め落とし、関を塞いだことについての弁明をした。沛公の臣下・張良に恩のある、項羽の叔父・項伯が間をとりなした。項羽の臣下・范増《はんぞう》はこの機に沛公を殺そうとするが失敗。沛公は臣下の張良と樊噲《はんかい》の機転にも助けられて難を逃れ、和解を成立させた。

因みに項羽は「四面楚歌」の故事でも有名。「天がわれを滅ぼす」と悟った彼は、愛妾・虞美人《ぐびじん》への思いを詩に歌い、最期まで漢軍に抵抗した後、自ら首をはねた。

＊23――**『楚漢春秋』**　漢初の功臣で儒学者の陸賈著。現在は失われており詳しい内容は不明。陸賈は高祖劉邦に儒学を勧めたことで有名。

＊24――**天の思想**　殷の帝の観念に対比される、殷末・周初に現われる思想。「帝」は人格神的なもので、殷は自らを帝の直系の子孫であるとし、そのことを殷王朝の神権の根拠とした。一方、周は殷のような神話体系を持たず、被征服者の神話は摂受しがたいため、人格的形象を持たない「天」の観念がこれに代わった。天の思想は、古代的な宗教と政治を切り離し、そこに合理的な精神を導入した。天意は民意を媒介として表現されるとされ、その理由を人間存在の根拠がその徳性のうちにあるためとする。

＊25――**紂王**　殷の最後の王。帝辛ともいわれる。暴政を行ったため人心が離反し、周の武王に牧《ぼく》野《や》の戦いで破れ、火に投じて死んだとされる。しかし、そのような様々な悪評は自らを正

当化しようとする周によって創作されたものと考えられる。実際は、東夷の反乱軍追討のために紂王が根拠地を留守にしている間に、その隙に乗じた周に滅ぼされたという。

＊26――**『尚書』（『書経』）** 中国の経書《けいしょ》（緯書《いしょ》に対して言う）で、中国最古の文献。前秦では単に『書』といい、漢代からは『尚書』と呼ばれ、宋以後『書経』と称される。徳を修めて刑罰を慎重にすべきことなど、政治倫理の理想が述べられており、儒家の経典となった。

＊27――**伯夷・叔斉** 殷末・周初の人で、二人とも孤竹（現在の遼寧省辺りの国）君の王子であったとされるが、伯夷は嵩山の岳神で、羌族の祖先神であるともいう。

『論語』では二人は「仁を得たり」として、称賛されている。

＊28――**嵩山** 河南省北部、洛陽の南東にある山。羌族の聖地で岳神・伯夷を祀っていたが、殷に占領され祭祀権を奪われた。後々まで神聖な山として祀られ、特に唐の則天武后《そくてんぶこう》が尊崇した。

＊29――**姜姓四国** 羌族が河南に建てた、申・呂（甫）・許・斉の四国。周代になり、斉は周の一族である魯を守るため、山東に封ぜられたが、他の三国はそのまま嵩山の南方を占めた。

＊30――**秦** 秦の「神話」では、祖先神を鳥形神とする。これは殷の「玄鳥説話」と重なる。それ故、秦は殷と同じく沿海族であった可能性が強い。

またその姓に嬴《えい》姓の多いこと――この「沿海」族に多い古い姓――からも「秦＝沿海族」説が浮上する。

＊31――**老子**（生没年不詳）『史記』によれば、姓は李、名は耳。道家の開祖とされる人物。但し

いる。

＊32――**荘子**（生没年不詳）　名は周。中国、戦国時代の思想家。しばしば老子と併称される。超感覚的実在「道」の概念を説き、観念論的哲学を展開。著書『荘子』。

＊33――**箴言**　戒めとなる短い句。格言詩。エピグラム。『老子』のような箴言集が成立するまでには、それ以前に「本歌」というべきものがあったと思われる。それが『荘子』であると考えられている。

＊34――**「四書五経」**　四書は『論語』『孟子』『大学』『中庸』の総称で、五経は『易経』『書経』『詩経』『礼記』『春秋』を指す。前漢の武帝が儒教を国教とし、五経の名が定まったが、宋の朱子学以来、四書が重視されるようになった。『大学』『中庸』は元は『礼記』の中の二篇であった。

＊35――**楊雄**（前五八〜後一八）　前漢末の思想家・文学者。蜀の人で字は子雲。屈原の賦を好み、『論語』を模した『法言』では、王道を論じて道徳による政治を説いた。晩年は漢王室を簒奪《さんだつ》した王莽《おうもう》に仕え、非難を浴びた。

＊36――**柳田聖山**（一九二二〜二〇〇六）　仏教学者。京都大学名誉教授。滋賀県の禅寺に生まれる。抱石庵久松真一博士に師事し、後に宗派仏教より離脱。禅研究の第一人者。著書『初期禅宗史書の研究』『一休――「狂雲集」の世界』等。

＊37――**紀平正美**（一八七四〜一九四九）　明治〜昭和期の哲学者。学習院大学教授。三重県に生

まれる。ヘーゲル哲学の弁証法研究の先駆者で、西洋哲学の方法で仏教思想など東洋哲学の再編を試みた。昭和期に国家主義的傾向を深め、敗戦後は公職を追放された。

＊38――**入矢義高**（一九一〇～一九九八）　中国文学者。京都大学文学部卒。京大人文科学研究所の前身・東方文化研究所（一九三九～一九四八）に入り、人文研助教授・名古屋大学文学部教授・京大文学部教授を歴任後、花園大学教授。『洛陽伽藍記』『臨済録』等の名訳者として活躍。

＊39――**『楚辞』**　中国、戦国時代後期の楚国の歌謡。それを模倣した漢代の作品も含む。作者は屈原とその一派の宋玉らとされ、後漢の王逸が編纂。

北方文学とされる『詩経』に対し、『楚辞』は南方楚国の神話・歌謡を基礎とする。屈原はその宗教的従属を脱し、文学的意識を持つ作品に昇華、「離騒」「九章」等の諸篇を成した。

＊40――**瞽史**　瞽は盲目のこと。「わが国の語部のような伝承者として、多く神事に参与したものであろう」（『字統』）。その字形から、おそらく「鼓」を打って神降しをしたと考えられる。

＊41――**九嶷山**　湖南省の南端に位置する山。殷の太陽神である舜が南巡して蒼梧《そうご》の野に崩じ、九嶷山に葬られたという伝承があり、楚巫《そふ》の聖地とされた。

＊42――**『山海経』**　中国古代の地理書。最初の部分は戦国時代に成立し、漢代まで徐々に付加された。怪物や神々についての記述など、空想的なものが多く、『楚辞』の「天問」とともに中国の神話を最も豊かに伝えているといわれる。

＊43――**馬王堆（漢墓）**　湖南省長沙市東郊にある、前漢前期の長沙国の丞相、軑侯《たいこう》・利蒼《りそう》とその妻子の三基の墓。一九七二年に発掘調査された。保存が極めて良好で、基準資料として価値が高い。

＊44――**五覇**　春秋時代の五人の覇者。五という数は五行思想に基づくもので、斉の桓公と晋の文公以外は諸説ある。「覇」は「伯」と同義で、その意味は、白骨化した頭蓋骨の象形である「白」に由来する。
「伯」は伯爵《はくしゃく》の「伯」であり、即ち身分の高い人。偉大な指導者の首は髑髏化して保存されたことから、このような意味になったと考えられる。

＊45――**屈原**（生没年不詳）中国、戦国時代、楚の人。『楚辞』の主要な作者とされる。楚の貴族出身で巫祝の集団を率いた。秦との連合に反対し、郢《えい》の都を逐われ、その後秦によって郢が陥落すると、汨羅《べきら》という川に身を投げた。このような不遇な生涯が『楚辞』の文章を生んだとされる。民間伝承では水の神となった。
なお「離騒」の書き下し文は、『国訳漢文大成』文学部第一巻「楚辞」（一九二二　国民文庫刊行会）によった。

＊46――**『文選』**　中国の六朝の梁代に編まれた詩文の選集。編者は昭明太子・蕭統《しょうとう》で、周から梁に至る代表的な詩文約八百篇を網羅する。三世紀末期から始まる、詞華集《アンソロジー》の編纂事業の集大成として現われた。

＊47――**子路**（前五四二～前四八〇）　姓は仲、名は由。子路は字。孔子の門人で十哲の一人。勇

を好み、正義感が強く、直情径行の人であった。

＊48――**レヴィ゠ストロース**（一九〇八～二〇〇九）　フランスの文化人類学者。構造人類学の方法を確立し、主著の『野生の思考』では西欧近代思考体系への反省を促した。

＊49――**ミシェル・フーコー**（一九二六～一九八四）　フランスの哲学者。レヴィ゠ストロースとともに六〇年代後半、構造主義の代表的思想家として注目された。主な著作は『狂気の歴史』『言葉と物』『知の考古学』『監獄の誕生』等。

＊50――**神話文字**　神話の物語を一字の象で表わしたもの。「岳」はその代表例。
古代文明都市に成立した文字は殆ど象形文字であった。しかしそれは、文明の変遷とともに記号化した。その中で中国で生まれた漢字は象形文字の唯一の生き残りである。古代の文字は原始的な絵画と同じ基調に立つ神聖なものだった。そのため、文字はその絵画の発展形と思われがちだが、絵画からそのまま発展したのではない。白川静によれば、そこには強烈な文字言語による直接表現の要求が必要となる。その要求の源は、王の絶対的な宗教的権威である。宗教的・神話的世界と結びついて構築された王の権威を表現する手段として、文字は生み出されたという。その文字・漢字誕生以前に、まず、「神話文字」・図象があった。

＊51――**『神統記』**　前七〇〇年頃のギリシアの詩人、ヘシオドスの叙事詩。ゼウスが天上・地上・地下の世界に新しい秩序を樹立するまでの経緯をまとめたもの。数百柱の神々の誕生譚が語られ、系譜を整理して物語化している。

＊52——**十日説話**　殷に伝わった説話。太陽神である舜の妻・羲和《ぎか》が各々特定の性格を持つ十個の太陽を生んだとする。また、旱魃《かんばつ》説話として、太陽が十個並び出て地上が大旱に襲われた時、夷羿《いげい》がその内の九個を射てこれを救ったという話がある。これは、夷羿が殷の対立者であったことを示すと考えられる。

＊53——**画像石**　平板な石材に画像を彫刻したもので、中国で建築物、墓室などの建材として使用された。時代は漢・魏が中心で、山東省を中心に各地にわたる。題材には被葬者の生前の生活、儒教思想に基づく忠臣の図、奇怪な神獣・神仙の図等がある。

＊54——**卵生説話**　部族の始祖が卵から生まれたとする説話。殷や秦の伝承にみられ、両者とも燕の卵を飲んだ女が子供を生んだとする玄鳥説話である。卵生説話には父親が存在しないため、その部族は母系氏族社会だったと考えられる。

＊55——**彝族**　中国西南部に広く分布する少数民族。原郷はチベット東方の山岳地帯で広義の羌族の分派と考えられる。山岳地帯に居住し、焼畑農業を行う。また宗教的犠牲として牛・羊・豚・鶏などの家畜を飼う。

＊56——**鳥居龍蔵**（一八七〇～一九五三）　人類学、考古学者。小学校を中退し、その後は独学自習した。雲南・満州・モンゴルなどで長期調査を行った。膨大な著作は『鳥居龍蔵全集』全十二巻（朝日新聞社）に収められている。

＊57——**皐陶**　伯夷と同様に姜姓の祖神とされる。同系列に許由という神も掲げられているが、「伯」は長男を意味する語で、「夷」「陶」「由」が元は同音であることから、本来は同一の

神が、地域名を冠されて、許では許由、皐では皐陶と呼ばれるようになった。

*58——**召公**　西周建国の功臣。名は奭《せき》。周公と並び称される。武王を助けて殷を滅ぼし、その功績により一族は燕に封ぜられた。自身は周都にとどまり、陝西の地に善政を敷いた。召公の家は降神の儀礼を司る聖職者の一族であった。

*59——**海幸彦**　ホノスソリの命（『日本書紀』）。ニニギの命とコノハナサクヤヒメとの間に生まれた長兄。末弟は後に神武天皇の系譜の祖となるヒコホホデミの命、即ち山幸彦。この兄弟は争い、敗者・海幸は弟に服従する。海幸を隼人の祖とするのは、おそらく海幸が海の民・海部《あまべ》と関わるところからの伝承であろう。

*60——**隼人**　古代の日向・大隅・薩摩地方に住した人々の称。五世紀になって大和政権に服属したと考えられる。以後中央政府に対し、狗吠《いぬぼえ》や、隼人舞などの風俗歌舞をもって奉仕した。

*61——**安曇部**　綿津見神（海神）を祖とする海人族。履中《りちゅう》天皇の時、阿曇連濱子《あづみのむろじはまこ》という者が罪を得て目のふちに入墨をする黥むの刑に処せられた。この目を「安曇目《あづみめ》」という。

*62——**『洛陽伽藍記』**　五世紀後半に拓跋《たくばつ》族が建てた北魏の都・洛陽の繁昌記。仏教寺院の叙述を軸に文化全般にわたって精細に記述された、中国最初の都市記録。

*63——**鳥浜遺跡**　福井県三方《みかた》上中郡若狭町鳥浜にある縄文時代草創期〜前期の遺跡。一九六一年に発見。縄文土器の他にも丸木舟や編籠、紐などの遺物が出土。またヒョウタンやウリなどが栽培されていたことが解り、縄文時代の食生活の復元が可能となった。西日本の最も重要な遺跡の一つ。

＊64――**三内丸山遺跡**　一九九四年に青森市三内で発見された縄文時代前期〜中期の巨大集落遺跡。大型の掘立柱建物跡や墓地跡、漆器などが出土した。クリの栽培と豊富な海産資源が定住生活を可能にし、高度な文化的発展をもたらしたと考えられている。

＊65――**真床襲衾**　天皇の即位儀礼・大嘗祭において、先帝の霊を〝衣〟を介して受け継ぐ秘儀。元々は天孫・ニニギが天より地に降る時に〝くるまれていた布〟から来ている。それが布団に寝る（真床）という意となり、「先帝の屍と添い寝をする」、つまり「死者と同衾」という折口信夫説を生み出した。

＊66――**鳥辺山・化野**　鳥辺山は京都市東山区に、化野は右京区にある葬送の地。「鳥辺山の烟《けむり》」といわれるように、鳥辺山では早くから火葬が行われていた。行基集団の志阿弥《しあみ》という者が火葬に関わったとされる。近くに行基の寺がある。化野は風葬の地。

＊67――**軽皇子**　允恭《いんぎょう》天皇の皇子。同母の妹・軽太郎女《かるのおおいらつめ》と通じ、その罪で伊予の道後温泉に流された。『古事記』では、流刑地での兄妹心中が、『日本書紀』では、郎女の方が流されるという悲劇が描かれる。「衣通姫《そとおりひめ》」は『記』では郎女の異称、『紀』では、皇后の妹で別人。

＊68――**心の御柱**　一説に御神体という。二十年に一度の遷宮の折、秘儀として真夜中に「心御柱祭」が行われる。

＊69――**諏訪の御柱（祭）**　七年めごとに行われる下上《げじょう》諏訪社最大の春祭。数々の珍しい神事を伴うが、中心は、「御柱」という大木に、人が大勢乗り、坂を一気に駆け降りるという荒業の披露。死傷者が出ることをいとわない熱狂がこの祭にはある。

＊70——**真脇** 能登半島にある縄文遺跡。巨大な栗の木を縦に割り、半円形にした円柱の円の方を内側に向けて並べ、直径十メートルの弧を描く。おそらくそこで祭祀が行われたのであろう。イルカの骨が多く見つかったことから、動物霊を天上に送る装置とも考えられる。

＊71——**鳥形霊（・鳥星）** 鳥の信仰は全世界に分布する。鳥は必ず水鳥・渡り鳥である。秦の祖先神は鳥形神といわれる。鳥による占いも古代より世界に分布。「鳥星」は、古代中国において雨を好む星と考えられていた。そのため「止雨」を祈る時は鳥星に向かって祭祀を行った。

＊72——**辟雍** 周囲に大池を廻らし、島の上に高い楼台を造ったもので、天を祀るための神殿であった。周の王室は豊水の畔にそれを作った。西方のジグラットとの関係も推測される。

＊73——**ホメロス**（生没年不詳） 古代ギリシアの吟遊詩人。盲目であった。二大英雄叙事詩『イーリアス』『オデュッセイア』の作者と伝えられる。ただおそらく個人ではなく、旅をし、物語（叙事詩）を竪琴を奏して歌った集団と思われる。ホメロスの徒を「ホメリダイ」という。語り部の職能集団である。

第三章 詩経——興の精神

歌《うた》。うたう。
舞《まい》。雨を請《こ》う。
音《おと》。神のおとづれ。
楽《がく》。うたい、おどる。

楽師が伝えたものがたり、『詩経《しきょう》』。
孔子もうたい、舞った。

花。
「お前は美しい」と、うたうと、病もいえる。歌とはそういうもの。
歌はみな呪歌《じゅか》。
神との交通の手段。

かうかうと　みやこどり
かはのなかすに
たをやかの　かのひとは
よきひとのつま

恋愛の歌？　いえ、鳥占《とりうら》。
鳥の持つ呪力を喚起する霊的な歌。

歌。うたう。
総てが神へ捧げられた。
遠い昔の、
神と人との間の、
コトバ。

「呪」のものがたりは再び始まりました。

楽師集団と『詩経』——伝承された「風」「雅」「頌」

編集部　本日は『詩経』[*1]のお話ということで、白川先生の文学者としての一面を梅原先生に引き出して頂ければ、聞く者としては大変ありがたく存じます。梅原先生からリクエストが出、あらかじめ白川先生に、詩を選んで頂いています。

梅原先生のリクエストは、「国風《こくふう》」の代表歌、国が滅びる時の詩、それから「興《きょう》」という表現法がよく解る詩についてご解説頂きたいとのことでした。

それで白川先生より、「国風」からは「関雎《かんしょ》」・「碩鼠《せきそ》」を、国の滅亡を歌ったものとして「小雅《しょうが》」から「十月之交《じゅうげつしこう》」を。「興」の発想法をみるべきものとして「大雅《たいが》」の「旱麓《かんろく》」、「頌《しょう》」の「有客《ゆうきゃく》」・「桓《かん》」の合わせて六篇を挙げて頂きました。この六篇の詩を白川先生に朗読して頂きながらお話を進めたいと思います。

梅原　先生のお仕事というのは漢字の成り立ちの研究にあると思っています。甲骨文の研究で大変素晴らしい業績を上げられた。世間はやはり、先生のお仕事というのは漢字の解明であると思っています。そういう全く独創的な漢字解釈で、『字統』『字訓』『字通』という三つの「字書」を作られたということで、いわゆる「白川学」はよく知られている。

私もそう思ってるんですけど、『詩経』の、三冊の解釈書を読みましてですね、改めて先生の研究の出発点が『詩経』であったことに驚いたんですね。そしてその解釈も、長年の学問が蓄積されていることに大変感心したんですけど、先生は日本の詩なんかも意外に読んでおられるんですなあ。暗記するほどそれを読んでる（笑）。そしてその訳がなかなか玄人はだしなんですよ。やっぱり先生は詩人の素質があるんだなあと、ひょっとしたら若い時は詩人になろうとしてらしたんじゃないかという（笑）、そういうことを改めて感じたんですけどね。まあ本当にこの『詩経』の研究は、漢字の研究と並んで先生の一つの大きな仕事だと思いますけどね。

それで入門編で恐縮なんですが、そもそも『詩経』というのは〝何か〟ということですね。『詩経』には「風」と「雅」、「頌」とがありますね、これは大体どういう風に考えたらよろしゅうございますか。

白川　『詩経』の「風」というのは、十五国風、百六十篇ある訳ですがね、これは民謡です。それぞれの地域の民謡を、のちに編集をしたんです。それから貴族社会では「雅」といわれる、また民謡とは少し様式が違う、そういう『詩』が歌われておった。それから王朝の先祖の廟祭《びょうさい》に使う、お祭ですね、これが「頌」。『詩経』はこの「風」「雅」「頌」という、三部立てになっておる訳です。

しかしこういう『詩』をそれぞれ別個に伝承するというのではなくて、楽師[*2]集団というのがあってね、そういう楽師たちが、例えば貴族の宴席の場合であるとか、或いはお祭の場合であるとか、そういう時に、その中の適当な詩篇を選んで演奏するんです。だからこれは単に歌うというんじゃなしにね、楽器の伴奏を伴うて、演奏をするんです。

例えばいちばん最初の「関雎」の詩なんかでもね、そういう風にして演奏されておったので、孔子が一時斉の国に亡命したことがある、その時に丁度周の楽師たちが斉へ逃れて来ておって、そういう人たちによって、「関雎」の「乱《おわり》」*3という、「みだれる」という字を書くんですがね、これはフィナーレです。何章かあるそのフィナーレを演奏した。すると孔子がそれを聞いてね、「洋洋乎《ようようこ》として、耳に盈《み》てるかな」というてね、非常に感嘆している。

だから孔子の時代には、『詩』はまだそういう風にして、楽師たちが演奏をしておった。『詩』は一部の記録として伝わっておるんではなくて、楽師集団によってね、そういう演奏用として伝承されておった。みな口伝えに伝えておった。テキストがあったというのではなくてね、楽師集団が伝えておった訳ですね。

梅原　演奏されていたのですか、「雅」も「頌」も同じように……

白川　それはそれぞれのね、宴会の場合とか、お祭の場合とか、色んな場合場合に応じてね、大体演奏曲が決まっとるんです。「入楽《にゅうがく》の詩」というのがあって、この場合にはこれを歌う、という一定の詩ですね、こういうものが大体決まっておった。それから一応そういう決まったものを演奏した後で、今度は自由に希望に応じてね、適当な曲を選択して、演奏させる。それは無筭楽《むさんがく》*4という。

梅原　『詩経』というのは全部歌ったのですね、楽譜があった訳ですね。

白川　そうそう。

梅原　楽譜はあったんですけど、言葉だけ残ったということになりますね。

白川　その楽譜もね、ものによって、それでないかといわれるものが六朝頃まであるんですけれども、しかし何しろ古い時代のことですからね。『詩経』の時代というのは、大体周が東遷する、即ち西周が東周になるのが紀元前七七〇年です。それから百五十年ぐらいまで遡《さかのぼ》ったあたりが、大体詩篇の古い時代。それから後、紀元前七七〇年から後百年ほどして、もう春秋の中頃ですね、最も遅いものではその頃の詩もあるんです。

梅原　孔子が楽を重んじたというのは、音楽と詩が繋がっていたからですね。

白川　ええ、そうです。先王の礼楽ということで、既に古典であった。

梅原　詩と、まあ文学と、今でいうと音楽、その両方合わさったものが、それが人間の感情の教育として大事だということを、孔子は言っているのでしょう?

白川　孔子の時代にはね、まだ『詩経』という形のものはないんです。楽師伝承の時代であった。

梅原　ああ、そうですか。歌を伴って伝わっていた。

白川　そういう風にして楽師が伝承しておる。前にも申しましたが、孔子も弟子に教える時にね、「詩に曰く」として教えるということは絶対ないんです。孔子の弟子たちになるとね、「詩に曰く」というて『詩』を引用しとる。だからこれはもう文献時代に入る。ところが孔子の場合にはね、例えば、

唐棣《とうてい》*6の華、偏《へん》として其《そ》れ反《はん》せり。豈《あ》に爾《なんじ》を思わざらんや、室《しっ》の是《こ》れ遠ければなり。

というてね、これは「孔子」の時にも申しましたが、『詩』の文句なんです。それがいきなり初めに出て来る。これはね、孔子が歌うとるんです。「詩に曰く」とは言うてない。「唐棣の華、偏として其れ反せり。豈に爾を思わざらんや、室の是れ遠ければなり」、にわざくらの花びらがね、両脇にだらりと下がっておる。これは両方に離れ離れになっておる。

で、あなたと私も離れ離れになっておる。「豈に爾を思わざらんや、室の是れ遠ければなり」、あなたを慕わしく思うけれども、何しろ家が遠いのでね、というそういう歌だね。そういう恋愛歌です。孔子がそれを歌うた後にね、それに注釈をしとるんですよ。「未だ之を思はざるなり。夫れ何の遠きことか之れ有らん」、まだ思いようが足らんのである、というてね。思いが

あれば、遠いというようなことは問題ではないぞというね。

梅原　文学でもだんだん音読することがなくなってきたんですね。昔はやっぱり音読したもんですね。『源氏物語』なんかでも音読する文学として、宮中の女官に伝わった。ああいう書いたものだって、音読の材料なんですよ。音読することによってずっと広まっていったんですよ。ところが詩が歌うことを離れ、音読することを離れ、だんだん目で見るだけのものになってきた。現代詩の衰退は、そういうところにあると思っています。

さて『詩経』のいちばん古いものはどこまで遡るのでしょうか。そしていちばん新しいものはいつ頃ですか。

白川　先刻申しましたように、『詩経』の古いものは周の東遷以前に確実に遡ることが出来る。しかし実際は殷・周の革命が紀元前一〇四〇～五〇年頃であろうと思われるので、音読の時代を入れるとその周の中期あたりまで遡れるという推測は出来ますが……

紀元前一〇〇〇年頃に出来たと思われる金文にね、もう韻を踏んでいる「詩」が出ている。韻を踏んでいる文章があるということは、その青銅器はお祭に、祭器として使うもんですからね、そのお祭に韻を踏んだ「詩」が歌われておったということが、十分考えられる。

だけども本当にその時代の作品だということを、断定出来るものはない。ところがそれから百年ほどして、昭王《しょうおう》・穆王《ぼくおう》*7という時代になりますとね、もう先祖の廟の組織がきちっと出来てね、宗廟の礼楽が大体備わったということが、金文の資料によって考えられる。その時代になると、鐘《しょう》*8が出て来ますしね、詩を演奏するための楽器なんかも揃うてくるからね。

梅原 そうすると楽器が揃った時に、韻を踏む詩が出来た。

白川 そうそう、一応そこまで遡ることが出来る。

梅原 殷の時代には、まだ韻を踏んだ詩はなかったという風にみた方がよろしいですか。

白川 そう。まだ記録されておらんので、よく解りませんが。伝承ですからね。昭王・穆王からちょっと後ぐらいの時代からは、これはもう確かに作品があったというてよいと思う。

梅原 それは「雅」ですか、「風」ですか。

白川 それは大体宮廷の詩、「雅」。そして「頌」ですね。

梅原 「頌」は「雅」よりも古いですか。

白川 ええ、「頌」の古いものは、ちょっと時代が解らんけれどもね、解釈も出来んようなものがあるんです。周の廟歌に使われておる、「周頌」の中にね、意味のさっぱり解らんのもあるんです。

梅原 それがいちばん古いんですか。

白川 それはやはり古いと思う。それがね、まだ韻を踏んでない。だからこれは多分徒唱《としょう》ですね、楽器なんか伴奏なしに長～く、今の宮中の歌会のような調子で歌い上げたもんでないかと思う。韻を踏んでない。韻を踏むようになりますとね、きちんと楽器に合わせた、リズムを持ったものになりますから。

梅原　韻を踏んでないのがある訳ですね、「周頌」の中には。

白川　そう、韻を踏んでないものが多い。だからこれは古いに違いないけれども、ただ時期決定は出来ん。

梅原　古いという基準でいえば、「頌」が古い。

白川　ええ、その「頌」のうちでも「魯頌」・「商頌」は春秋期、しかし「周頌」は西周中期に遡り、いちばん古い。それから「大雅」「小雅」ですね。

梅原　「大雅」と「小雅」はどう違いますか。

白川　「大雅」というのは中央政府のいわば国家に関する、王朝や豪族に関する重要な関係の歌謡。そして「小雅」の方は一般貴族社会、もうちょっと下のね、貴族社会内部の歌。

だから「小雅」の方は「風」といくらか接続するんです。例えば「小雅」の中に戦役の歌なんかがありますとね、その戦役の歌の中に民謡が入って来るんです。「周南」・「召南」なんかの民謡が一節か二節だけね、中へ、こちょっとはまり込んで来るんですね。つまり「風」がその時代にはもう既にあった訳ですね。それで、その「小雅」が出来たのが大体西周の後期ですから、そうすると「周南」・「召南」なんかの歌はね、その時代にもう既にある訳。「風」は西周の後期に入って、「小雅」と重なる。
　それから「大雅」というのはね、周の極めて盛んな時代、中期頃のね。それと、後期になって、周が極めて危機的な情況になった時の詩。

梅原　両方にある。

白川　うん、両方にある。これは政治詩ですからな。時代に盛衰がある。

梅原　非常に王の徳を讃えたものと、非常に乱れた世を憤ったものがある。

白川　乱れた時代にはね、世を憂えて、これを救わねばならぬというような、思想的な性格の強い詩が生まれる。

梅原　それと絶望的な詩がありますね。「大雅」の中には両方がある訳ですね。

白川　そう、両方ある訳です。だから中期には大体栄えた時代、それから宣王《せんおう》・幽王《ゆうおう》[9]の時代にはもう西周が滅亡に瀕しておる時代ですからね。
　だから栄えた時代と衰えた時代とがこの間にある訳で、『詩経』の学問の上ではね、これはほめる詩、これはそしる詩という、「美《び》」と「刺《し》」、「美刺」[10]という観念が出て来る。この「美」の方が盛世の時代の詩、それから「刺《そし》」るという方が危機に瀕した、衰滅に瀕しておるという時代の詩。

梅原　その頃には既に「風」も出て来ますか。

白川　「風」も大体その両方にわたってあったと思われるんですけれども、古いものはかなり古い。西周期に入る。しかし大部分は、やっぱり東周に入ってからのものが多かろうと思う。

梅原　東周、つまり春秋時代の詩も含まれるんですね。

白川　そう、春秋時代に入るものがかなり多い。

梅原　「風」はそうですか。春秋時代の頃のものがかなりあるのですか。

白川　そうです、「風」はね。「雅」「頌」は、春秋期に入るものは殆どありません。しかし「風」には春秋期に入るものがかなりある。

梅原　最後のものはいつぐらいになるでしょう。

白川　最後はね、「秦の穆公《ぼくこう》の葬りの歌」というのが「秦風」にありましてね。「秦風」の中に、三人の臣下が殉死することを歌うた「黄鳥《こうちょう》」、ウグイスというね、「黄鳥」という詩があります。あれが秦の穆公が亡くなった年やからね、年がはっきり解ってます。(紀元前)六二一年ですね。それが年期の解っとるものではいちばん新しい。春秋の中頃になる。そのことは『左伝』[*11]に出ています。

それでね、「風」がいくらか後であろうという僕の考え方の基礎は、大体こういう風な民謡が出て来る時代、歌謡が出て来るという時代がね、社会的に非常に大きな変動の時期、混乱の時期、というような時に出て来るんではないか。一般的な言い方をするならば、古代共同体的な社会組織がいくらか危険な状態になる、或いは崩壊して行くというところでね、つまり共同体からはみ出た個が出て来る訳ですね。そういう風な時に、こういう歌謡というようなものが生まれる、盛んに歌い始められる訳ですな。

これは例えば『万葉』でいえば、律令制に移るすぐ前ぐらいの時にね、『万葉』の時代が出て来る。それ以前はいわゆる部民制《べみんせい》、品部《ともべ》の時代なんかでね、古代的な共同体の組織がまだかなり頑丈であった。それが律令制に移る少し前ぐらいから崩れてきますね、その時に『万葉』の歌が生まれてくる。

中国においては春秋の初期ぐらいにね、僕はそういう古代的な共同体の崩壊の現象があちらこちらに起こったであろうと思う。これは周が統率力を失って列国になりますね、列国になると豪族同士の間で揉み合いになるんです。そうするとそういう揉み合いの間でね、古代的な共同体組織が崩れていく。そうすると民衆の世界が初めて歴史の上へ出て来る。それで民謡が起こる。そこに『詩経』の「国風」が起こる社会的な情況と、我が国の『万葉』が生まれてくる社会的な情況との間に、非常に共通する時代的な性格の問題がある。

梅原　どういう形で編集されたんですかね。誰が『詩経』というものを編集したんでしょう。

白川　『詩経』の編集をやったのは楽師集団です。楽師が全部伝承しておって、各班に分かれて、みんなそれぞれの持分の詩を覚えてやっとった。それで第一演奏、これは決まった「入楽の詩」をやる。第二演奏、第三ぐらいまでね、決まった詩篇を担当する。
　ところが向こうの宴会は夜通しやるからね、その後も色々やる訳ですよ。そうするとそういう集団がみな出て来てね、自分の持分で、お好みに応じて、それじゃ何の曲をやりましょう、という風にして演奏する。そういう風にして楽師がずっとね、孔子の時代まで伝えておった。孔子の時代までは、僕は公表されたテキストはなかったと思う。

梅原　そういう楽師集団が、『詩経』を編集したと。それは大体孔子の時代でしょうか。

白川　孔子の時代まで続いていた。孔子の時代が、楽師伝承の丁度最後の時期ですね。

梅原　それで古い学説に、孔子が『詩経』を作ったんだという、そういう説があったんですね。

白川　そうそう、そういう風に言われて来たけれども、実際は楽師集団の間で、それぞれ自分の持分を整理しなけりゃならんというので、テキスト化したのでしょう。そのテキスト化したものが、「魯詩」とか「韓詩」とか「斉詩」とかいう風に家筋が分かれて出来たので、『詩経』のテキストには三つの、「三家詩《さんかし》」*12というテキストがあった訳です。
　それからずっと後になって、漢代になってから「毛詩《もうし》」*13というテキストが出て来ますからね、結局四つにテキストが分かれておって、テキストで字が違うことがある。詩句がちょいちょいと違ったりね、そういう違いがかなりある。それは音声だけで伝えて、後に文字に直したからね、音声は同じであるけれども字が違うというような関係で、テキストが違う。

だから現在我々が読んでいるのは「毛詩」という、いわゆる「毛伝」「鄭箋《ていせん》」*14というものを読んどるんだけれども、別に「三家詩」というのがあってね、これはそれぞれテキストが違う。漢代ぐらいまで、その「三家詩」の方が主であった。それから魏・晋以後になってからね、「毛詩」の方が主流になって、今は「毛詩」だけになりましたけどね。各テキストに文字の違いがかなりある。

梅原　その編集されている詩の数も違うんですか。

白川　いや、詩は全部一緒。これはもう全部一緒で、ただ順序が違ったりね、そういうようなことはあります。

梅原　そうすると孔子が編集したという説は間違いだけど、孔子の時代になって『詩経』は文字化されたと。つまり周を中心にした社会が崩壊して、そして色々国が乱れて、個人というのがはっきり出て来る、その時代に編集されたという風にみたら良い訳ですね。だから「詩経＝孔子」説というのは、孔子が『詩経』を直接編集してはいないにしても、まんざら根拠がない訳でもなかったんですね。それでよく解りました。

『詩経』の発想法・表現法――「賦・比・興」

梅原 それからもう一つお聞きしたいのは、表現法ですか、例の「賦《ふ》」*15と「比《ひ》」と「興」、三つに分かれてますね。これと今の「風」「雅」「頌」と合わせて「六義《りくぎ》」*16というのが出て来ましたね。この説はいつ頃出て来たんでしょうかね。

白川 それはね、先程の「毛伝」の中にそういうことが書いてある。

梅原 ああ、そうですか。

白川 「風(賦・比・興) 雅 頌」という風に並べてある。まず民謡の「風」を出してね、その下に「賦・比・興」、この「賦・比・興」というのが歌を作る時の発想法とかね、修辞法とか、そういう風なもの。それから後に「雅」「頌」と付いとるが、「雅」にも「賦・比・興」があり、それから「頌」にも「賦・比・興」があると、そういう意味です。

梅原 だから「風」「雅」「頌」というのは内容の違いでしょ、「賦・比・興」というのは表現法の違いでしょ、その二つが一緒になっちゃってるんですね。

白川 まず「風」という様式的な規定を出して、それに「賦・比・興」という表現法の違い。「雅」「頌」にもね、それぞれ「賦・比・興」、「賦・比・興」が本来入るものを、省略してそういう書き方をするんです。「風」に「賦・比・興」がある、それから「雅」に「賦・比・興」がある、「頌」にも「賦・比・興」がある。それを「風」の所だけにね、「賦・比・興」を出して、後はもう省略しておる。だから「風」「雅」「頌」を通じて、「賦・比・興」というのはある。

梅原　詩の分け方が、二つ原理が違う訳ですね。二つの原理が違うものが一緒になっちゃって、日本に来て「六義」というものになって、数え歌とかなぞらえ歌などと訳された。

白川　ああ、『古今集』の序[*17]でね。『古今集』に、「賦」が「かぞへ歌」、「比」は「なずらへ歌」で、「興」が「たとへ歌」ですか。

梅原　まあそういう風に非常に苦労して訳して、却って訳が解らんようになっちゃった(笑)。実は表現の仕方の区分としての「賦・比・興」であった。この区分はあらゆる詩の中に、「風」にも「雅」にも「頌」にもあった。三つの表現法の違いがあるという考え方ですね。

編集部　「賦・比・興」について、具体的に説明して頂けませんか。

白川　それはね、「賦・比・興」という言葉を、「毛伝」がどういう風に規定しておるかということにもよりますけれども、しかしその字の本来の意味からいうと、「賦」というのは、或る一つの物があって、その原理的な基本の性格が色んな物にそのまま受け継がれて、分かち与えられていくという意味です。そういう風な色々に分かち与えられた物を、一つずつ調べて数え立てていく、だから数え歌という訳が付いとる訳ですね。

梅原　『古今集』の訳もまんざら間違いではない訳ですね。

「興」という漢字——両手で酒を注ぐ象

白川　しかし「賦」という文学の本質から言いますとね、「賦」というのは、例えば山の美しい姿を見て、そして山の茂み、あそこの谷の具合、あそこの森の深さ、とかいう風にね、色々山の美しい姿を描写的に、数え上げるようにして歌ってゆく。これが「賦」なんです。その歌うことによってね、単に歌うのが目的ではなくて、歌うことによってその対象の持っておる内的な生命力というものを、自分と共通のものにする、自分の中へ取り入れる。

例えば、病気になったという場合にね、大河の流れの凄まじい姿だとか、海の波打つ姿だとかね、花の咲き乱れる姿だとか、こういうものを文学的に色々美しく歌い上げる。それによってその病気を治すというやり方があるんですよ。これが「賦」の文学。色んなものを歌い上げてね、歌い上げた言葉の力でそういう歌われたものと、いわば霊的に交通する力が生まれて、それがこっちの方に作用して、病気が治るというね。そういうものが本来の「賦」なんです。

梅原　長い詩が多いですか、「賦」は。

白川　漢代の「賦」というのは非常に長いものです。班固《はんご》*18の「両都《りょうと》の賦」とか、張衡《ちょうこう》*19の「両京《りょうけい》の賦」、左思《さし》*20の「三都《さんと》の賦」とかね、みな都の盛んな状態とその生活とを、とにかくのべつに描写するんですよ。

これは我が国でいう、一種の国誉めです。『万葉』の国誉めに当たる。そういう風にして都を誉めそやすことによって、都の持っておる霊的な力を増幅させるという風なね。そういう意味を持つので、文学というてもただ美しい言葉を並べるだけではないんです。「賦」というのは大体そういう文学です。

「比」というのは、なぞらえるんだから、比喩だからね、これはいちばんはっきりしてますわね。搾取《さくしゅ》する領主を「碩鼠《せきそ》」に例えたりする。

梅原 もう一つの「興」というのが、いちばん大事ですね。

白川 これが非常に難しい。これも文字の上から言いますとね、「興」という字の上の方はね、「同」という字を書く。(書きながら) これね、お酒を入れる筒形の器です。これを両手で持つ、両手で捧げる、これが「興」という字になる。それでね、両手でもってお酒を注ぐというのが「興」という字なんです。酒を地に注ぐのです。

何でこんなことやるかというとね、例えば或る土地で何か行事をする、儀礼を行うという場合にね、まずその土地の神さまを安んじて、鎮めなければならん。土地の神さまを鎮める時に、この「同」という盃にお酒を入れて、みんなでお酒を振り注いでね、地霊を慰めるんです。そうすると地霊はそれで目覚めて、「興」というのはね、目が覚める、起き上がるという意味があるでしょ、目覚めてね、自分たちに応えてくれるようになる。土地の霊を呼び起こすというのが「興」なんです。だから「興」というのはね、或るものを歌うことによって、その持っておる内的な生命を呼び起こすというのが「興」なんです。

例えば美しい鳥の鳴き声がするといって鳥を歌う、鳥といえば鳥形霊という観念がある。その鳥の鳴き声を美しく描写しておるとね、祖先の霊がそこへ出て来る。だから「鳥鳴喈喈《ちょうめいかいかい》たり」という風にね、鳥の鳴き声が聞こえるという風な歌い方をすれば、あとにその霊が現われてくるという風な、お祭の歌になる。お祭の歌の前に鳥を歌う。

或いはまた、匂いのいい草なんかを集めたりして、「参差《しんし》たる荇菜《こうさい》は 左右にこれを流《と》る」という、「関雎」に出て来ますがね、そういう風に草を採る、匂いのいい草を採るということは、お祭に供える訳ですからね、これはお祭の歌の発想法になる。鳥を歌うことがお祭の歌の発想法になる。草をそういう風にして採るということがね、やはりお祭をするとか、人の身の上を気遣う、安らげようという風な魂振《たまふ》りの発想法になる。

だから一見して関係がないようにみえるけれどもね、それで主題を呼び起こすという意味がある。「興」というのは、そういう風にして主題を呼び起こすという意味がある。これは土地の霊を呼び覚ますのが「興」ですけれどもね、それを拡大して、修辞法に適用した。

草摘みの呪術——願事成就の仕草

梅原　だんだん解ってきました（笑）。

白川　我が国でも、草を摘む時にそこらを囲ってね、標《しめ》を結うてしますでしょ。

明日よりは春菜《わかな》採《つ》まむと標《し》めし野に昨日も今日も雪は降りつつ　（『万葉集』巻八　一四二七）

などというのはね、春の野で草を摘むのに、わざわざこの場所というて区切る訳ですね。草摘むのに区切る必要は何にもないんだけどもね、「昨日も今日も雪は降りつつ」、少々雪が降っても、野草ぐらい摘めるはずなのにね、なぜ草を摘まんのか、おかしいですね。

それはその草摘みがね、この特定の場所の、この草を一時間のうちにこの籠にいっぱいきちんと摘みますよという、神さまに誓いを立ててね、野草摘みをやるんです。それは「誓約《うけい》」*21です。だからそれに成功すれば、自分の願事《ねぎごと》がかなう訳です。そういう神さまとの約束事をした上で草摘みをする。だから草摘みというのは、単にそこらで野遊びして草を摘むというのではなくてね、願い事があって、これをやりますからやり遂げたら願い事聞いて下さいというようなね、そういう意味で草摘みをやるんです。

これも『万葉』の中にね、

難波辺《なにわへ》に人の行ければ後《おく》れ居て春菜採む児を見るがかなしさ　（巻八　一四四二）

という歌がある。難波の方へね、これはおそらく大和の人でしょう、難波辺に自分のお婿さんが何かの用向きを仰せつかって、役目で行ってしもうた。「後れ居て」というのは、その若妻が残っておってね、一人で若草を摘んでおるのがいかにも哀れであるというてね、それを見た人が歌うておる。そうするとこの若い嫁が草摘んどるのはね、慰みに摘んどる訳ではない、「難波辺に人の行ければ」、その人が無事であるように、ちゃんと約束の日に帰って来ますように、という願い事を籠めてね、神さまにお誓いをして、さっきのように「標めし野」で草を摘んどる訳ですね。それを見るといかにも可憐であるという、それを眺めた人が歌うとる。

草を摘むということは、そういう願い事を神にかけてやる、そういう行事なのです。だから「昨日も今日も雪は降りつつ」という風に雪が降るということが、その行事を妨げとる訳ですからね、これは自分の願いがかなわんという、そういうことになる訳です。だからあれを単に野草摘みであるという風なね、『万葉』の注釈書は大体みなそういう解釈をやっとるんだけどね、そうではない、それは神さまと約束事をして、これだけの土地の若草を私は今日の午前のうちにこの籠いっぱいに摘んでみせますというてね、約束するんですよ。そうした上で野草摘みをやる。だから『万葉』の中にそうした歌はたくさんありますがね、『詩経』の中にもそれがあるんです、草を摘むというのがね。

梅原　それが「興」の精神ですかね。

白川　それが「興」なんです。

梅原　そうしてみますと「興」は、結局何か、呪術的な世界ですね。そしてやっぱり自然と人間の相即《そうそく》と、その相即がですね、「比」のようにぴたっとぶつかるんではなくて、少し違うんですね。違いながらどこかで波長が合っている、これは微妙な詩の世界ですよね。

それで解りましたんですけどね、日本でも、私は人麻呂《ひとまろ》の歌の中に大変「興」という風な歌が多いと思いますね。人麻呂はそれが非常にうまいんですよ。「比」でいったら説明になってしまいますからね、「興」といえばその心象風景も一つの詩である、自分の心も一つの詩である、その二つ、自然と人間とがどこかこう少し、全然一緒じゃないけど、調子が合ってる。これはやっぱり詩というものが象徴の世界ですから、最も詩にとって大事な世界のような気がしますね、「興」の精神がね。

「雅」の民俗――「隹」が潜んでいる

梅原　これはまた後から先生、具体的な詩の中でご説明願いたいと思いますけれども。もう一つ私、先生の本を読んでびっくりしたんですけど、「風」とか「雅」というのは鳥なんですね。あれにはびっくりしましたね。「風」というのは、昔はただの自然現象ではなくて、霊ですね。そして鳥は霊をあの世からこの世に運ぶものですね。それに魚というのも、またそういうものだという。私は縄文時代のことをずっと考えて来ましたけれど、魚とか鳥がものすごく出て来るんですよ。魚とか鳥というものは、霊の使いになってるんですね。そうすると『詩経』に出て来る世界と同じなんですね。「風」「雅」、風と鳥と魚ですね、これはどういう関係ですかね。これは先生の本を読んで、大変興味があったんですけどね。

白川　風なんかを主題にしたものでもね、例えば「北風《ほくふう》」なんていう詩がありますけどね、この風の吹き具合によってね、良い報せ悪い報せという風な、そういう受け取り方をするんです。

梅原　それも日本の古代と同じですね。

白川　そうそう。だからね、自然そのものが霊的な世界であるから、そういう霊的な世界からの色んな、いわば発信をね、その当時の人はおそらく柔軟に受け取ることが出来たんだろうと思う。そういう風な世界が「呪」的な世界であった。

梅原　「呪」という字はどういう意味ですか。

白川　（書きながら）左は祝詞で、右は祝詞を頂いておる人です。

梅原　同じものですね。

白川　そうそう。そういう風に呪的な行為をするという意味ですわね。大体僕の考えではね、初期『万葉』は殆ど呪歌であったと思う。単なる叙景とかね、或いは想いを述べるというようなものではなしにね、相手に対してもっと内的に働きかけるという、そういう意味合いを持った歌がいわゆる初期『万葉』であると。後期の『万葉』になるとよほど変わりますけどね、しかし初期の『万葉』歌は殆ど呪歌である。

『詩経』の中でも、この「興」的発想を持つ歌はね、殆ど呪歌なんです。だから『詩経』と『万葉』との間には、絶対年代はかなり違います、千数百年も違うけれども、しかし置かれておる社会史的な情況がね、殆ど一緒です。

梅原　古代社会が日本の方にまだ、ずっと生きてた訳ですね。

白川　そうそう、そういう共同体が崩壊する時期に、丁度こういう風な一種のエネルギーが生まれて、そして民衆の歌謡が生まれる。この時代以外にね、こんな歌が生まれた時代はないんです。『詩経』以後にね、『詩経』のような歌謡の発生した時代がない。『万葉』以後に『万葉』のような歌が発生した時期がない。つまりそれは、特定の或る歴史的な時期であったということですね。

梅原　鳥はやっぱりたくさん出て来ますか、『詩経』の中に。

白川　たくさん出て来ます。

梅原　鳥というものはやっぱり霊の使いですか。

白川　そうそう。だから先に言うたね、秦の穆公に殉死した三人の部下を悼んだ詩が「黄鳥」、ウグイスという題です。「交々たる黄鳥」という風にね、「黄鳥」がいちばん初めに出て来る。それはね、死に対する予感ですね。死者の霊をそれでもう呼び起こすという発想法です。

梅原　あらゆる鳥がそういう霊的なものを持っているのか、特定の鳥が持っているんでしょうか。

白川　大体ね、そういう鳥形霊的な観念の起源的な状態は、僕は渡り鳥だと思う。渡り鳥が時期を決めて一斉にね、特定の所へ戻って来る。それはその土地に住む人からみればね、自分たちの祖先がみんな死後にどこかへ行っておって、鳥になって、そして或る時期に故郷へ戻って来るんだというね、そういう風に思う訳です。だからそこにお堂を建てて、祖先を祀る、それ

を ね、「辟雍《へきよう》」というんです。

『詩経』の「周頌」に「辟雍」という語がたくさん出て来ますがね、「辟」は璧玉《へきぎょく》で円いという意味。この円い池の真ん中の所にね、お堂を建てるんです。この「雝《よう》(雍)」というのはね、(書きながら) これは川、ここに水がある。ここへ先祖である鳥(隹《ふるとり》)が飛んで来る。で、ここに御殿を建てる。これが後にこの「邑」という字になって、字に直すとこの「雝」という字になる。そしてこれが円い池であるからね、「辟」という字を付けてね、『詩経』の中に何回か出て来ます、「辟雍」という言葉がね。これが祖廟、先祖の廟です。ここに鳥が入る。鳥がたくさん飛んで来る。それを祖先の霊の集まる所として、中の島を造ってね、そこにお堂を建てて、そしてお祭をする訳ですね。

梅原 日本では鳥、特に渡り鳥、白い鳥ですね。それは先祖の霊が化したものじゃないかという考えは、まだついこの間までありました。アイヌの古老としゃべっていたら、やはり先祖の霊は普通成仏するけど、成仏出来ん霊があって、どうしてその成仏出来ん霊があるのを知るかというとですね、しきりに鳥が来て、チュンチュンとする。鳥がそうしてるのを見ると、アイヌの人は、これはあの人の霊は成仏出来てない、まだ怨みを、執着をこの世に残していると考え、その霊を手厚く祀るのだと言っていました。平安時代の話を聞くようでした。『万葉』の時代から、いや、もっとずっと以前から現在まで、その考えが続いている。それがまだアイヌの世界に残ってるということに驚きました。

これは考古学でいうと河姆渡《かぼと》＊22、河姆渡というのは七千年前の農耕遺跡ですけどね、そこのシンボル模様に鳥が出て来る。そして何か天体、円いものを二羽の鳥が抱いているという図が出て来たんです。土器に刻されたものです。円いものはおそらく太陽ですね。そしてそれは「みたま」の象徴ですね。つまり「霊」を鳥が運んでいる姿だと、私は思うんです。そういう鳥と霊の関係は有史以来ずっと考えられて来た。これは古代エジプトや古代ギリシアの方にもあります。

今の「隹」というのはやっぱり鳥ですか。「鳥」と「隹」は同じものですか。

白川　「鳥」はね、特別の、例えば星の名前を言う時には、「鳥星」といって、「鳥」を使う。特に神格化されたものに「鳥」を使います。「隹」は一般的なトリです。

梅原　こっちの方（「隹」）が一般的なトリなんですか。今は逆になっちゃったなあ。

白川　だけども「隹」の方はしょっちゅう使う訳でね、例えば、これからどうするか、進んで行くかどうかという時にね、道で鳥占いをやる。これ、「進」という字です。

梅原　鳥占いをするんですか、ああ。

白川　祝詞をして、これをやってよろしいか、するとよろしい、承知したという意味になる。それが「唯」の意。

梅原　「難」なんていうのも。

白川　「難」というのは難儀な字でね（笑）、左の方は巫女が飢饉の時に祝詞を頭の上に置いてね、焚殺《ふんさつ》される象《かたち》。火炙《ひあぶ》りでね、殺す。それで「隹」は犠牲として供えるもの。「難」という字の本体は、左の「菓《かん》」の方です。神さまの意志が伝えられるというような時にね、この「隹」を添えるのでね。

梅原　火炙りで殺されるのが神の意志だという訳ですかね。

白川　そうそう。神への発信ということもあるでしょう。また神戸棚《かみとだな》のここで鳥占いをやるという場合はね、これ「雇《やと》」うという字になるんです。これ神さまの力で判断をする、神さまを雇う訳だね。それを拝むように丁寧に見る、これが「顧《かえり》」みるです。神さまの思し召しに注意をするというぐらいの意味です。

だから「隹」はね、鳥占いにしょっちゅう使う。これはもう極めて日常的に使いますからね。こっちの「鳥」の方は、特別の時にこの形を使う。神さまの名前の時とか星の名前の時とか。

梅原　ギリシアのホメロスの『イーリアス』を読むと、何か事を起こす時はいつも鳥占い[*23]ですよ、運命を決める時にね。必ず鳥占いが出て来ますからね、これはやっぱり世界共通のものだったと思いますね。

魚と鳥、空と海——陰陽的概念

梅原　もう一つ先生、先刻の魚ですね、魚もやっぱり霊的なものだという。あの先生の説も面白かったですね。魚はやっぱり遠い所から来るんで霊的なものだと思われたんでしょうか、大海をこう……

白川　一応は陰陽的な観念が既にこの時代にあると思いますね。それで「魚潜《ひそ》みて淵に在り」という、『詩経』の「小雅、鶴鳴《かくめい》」の中に出て来ますがね、それはそういう陰的な霊ですね、それの象徴的なものとして魚が考えられておったのではないかと。

梅原　鳥と魚に対して、空と海ですね。渡り鳥ではニュージーランドまで行ってるのがいるんですよ。それが最近になってやっと解ってきたんです。鰻《うなぎ》*24なんてのもやっぱりフィリピン沖で大体子どもを持つんだから、或る意味で魚も渡り鳥と同じような性格を持ってますわな。

白川　そうですね。

梅原　鳥や魚はやっぱりあの世から来てるという、そう考えざるを得ないと思いますけどね。そういうことを改めて感じた次第です。まあこんなところで。後は具体的に先生に代表的な『詩経』の詩をご説明願いたいと。「国風」からお願いできますか。

「関雎」の位置が語るもの――『万葉』の雄略歌の意味

白川　「国風」からはまず「関雎《かんしょ》」を選びました。僕の本から採りましたけれども、「関雎」はいちばん初めの詩でもありますからね。

梅原　これは大変有名ですね。

関雎《かんしょ》（みやこどり）

（一章）
関々《かんかん》たる雎鳩《しょきゅう》は
河《かわ》の洲《す》に在り
窈窕《ようちょう》たる淑女は
君子の好逑《こうきゅう》

（二章）

参差《しんし》たる荇菜《こうさい》は
左右にこれを流《と》る
窈窕たる淑女は
寤寐《ごび》にこれを求む

（三章）
これを求めて得ざれば
寤寐に思服す
悠なるかな悠なるかな
輾転《てんてん》反側す

（四章）
参差たる荇菜は
左右にこれを采る
窈窕たる淑女は
琴瑟《きんしつ》これを友《した》しむ

（五章）
参差たる荇菜は
左右にこれを芼《えら》ぶ
窈窕たる淑女は
鍾鼓《しょうこ》これを楽しむ

白川　先程も触れましたが、改めて説明しますとね、「関々《かんかん》たる雎鳩《しょきゅう》は／河の洲《かわす》に在り」という、この発想法からいえばね、本当はこれはお祭の歌でなければならん訳です。鳥が出て来ますしね、だから神霊を暗示するという風な歌い方をしておる。本来ならばこの「関雎」という詩は、この発想でいう限りは、いわゆる祭事、お祭の歌でなければならんと思うんですね。

ところが第二章になりますとね、「参差《しんし》たる荇菜《こうさい》は／左右にこれを流《と》る／窈窕《ようちょう》たる淑女は／寤寐《ごび》にこれを求む」という風に、これは恋愛歌になってしもうとる。いわゆる房中歌《ぼうちゅうか》というね、夫婦の仲がよろしいというような意味で、この「関雎」の詩が後には夫婦の礼を正す詩として使われるようになるのですけれども、どうも第一章の歌い方は、これは神事の歌の発想法であるし、「参差たる荇菜は／左右にこれを流る」というのも、これはお祭の歌の発想法であるから、この詩はね、本来この形の詩であったのかどうかという問題が、あるのではないかという風に思うんです。

梅原　昔の詩は別だったんでしょうかね。つまり「関々たる雎鳩は／河の洲に在り」という次に「窈窕たる淑女は／君子の好逑《こうきゅう》」という句は来なかったというのですか。

白川　いや、章立てはね、いつ頃こういう風な形に改変されたかは解りませんけれども、「句」の入れ替えまではなかったであろうと思います。『詩経』の巻頭のものとしてね、多分祭事詩などの詩を組み合わせて作ったのではないか。丁度『万葉』のいちばん最初の歌がね、雄略天皇《ゆうりゃくてんのう》の、例の、

籠《こ》もよ　み籠もち　掘串《ふくし》もよ　み掘串《ぶくし》もち……　（巻一　一）

というあの歌もね、前半と後半と合成された歌ではないかという説がある。巻頭歌としてそういう風な修正が施されておるんでないかという疑問が持たれておる訳ですが、こういう大きな詩集、歌集の巻頭歌ということになるとね、何か重みを付けて、意味を付け加えるというようなことが要求されるということがあって、そういう編成が行われたのではないかという風にいわれるんですが、この「関雎」の詩にもそういう点がある。それは青木正《あおきまさ》

児《る》*25先生がね、既にそういうことを言われておる。これはね、一章と二章と唱法が違う。それから「参差たる荇菜は」という歌い出しのものが三章ある訳ですね、二章・四章・五章と、これがこれで一つの詩篇を成しておったんではないかと。

梅原　そうですか、二章・四章・五章が一篇で。

白川　それで「関々たる雎鳩」という「関雎」という別の詩篇と、この詩篇とが組み合わされてね、そして一つの楽歌として構成されたのではないかということを言われておるんですが、まあそういう風なことは『詩経』の全体が楽歌として伝承されたということから考えると、あり得る想定であると思う。

　特にこういう風に形式的に異なるものが二つですね、一篇として組み合わされておるということから、これは巻頭歌としてそういう風な編成が試みられたんではないかという説があるので、『万葉』の雄略歌と対照して考えるという意味で、一つの問題としてね、ここに出しておきたいという風に思って、そういう意味をも含めて、まず「関雎」をここへ出した訳です。

梅原　これは、こうして全体を通して読んで頂くと、やっぱり恋愛歌になりますね。全くの恋愛歌ですね。

白川　ええ、そうそう。

梅原　そしてむしろ、今の、男女が仲良くしてるのが、鳥が、みやこどりが川で仲良くしてるというものの比喩にもなってきますね。

白川 そうです。

梅原 そうすると先生の言うような呪的なものがね、失われた、だんだん失われつつある時代に作られた、まとめられたものという風に考えられますか。

白川 これは楽歌として伝承される場合に、先に言いましたようにね、「小雅」の中に出て来る戦争詩で行軍の時に歌う歌がいくつもある。その中にね、「国風」の「周南」・「召南」のものが、一、二章だけで、ぽこぽこっと挿入される。これは楽歌として編成される場合にそういうことをやっとる訳ですね。だからこれは巻頭歌として、こういう風な編成をやったんではないかと思う。呪的な性格は失われていませんよ。

梅原 しかし最初は恋愛歌から始まった方が、やっぱり人気があるかも知れませんよ。ああ、でも恋愛は呪的行為ですね(笑)。

白川 この歌は「詩経学」の上で、周の文王とその夫人との房中の歌であって、この二人が仲良く過ごされた、その家で楽しんでおられる、睦まじくしておられる、そのことを歌うた歌であるという説明が付いとる。それで時代的にもいちばん古いというので、いちばん最初に出してある。

それからまた『詩経』の教えのいわば代表的なものであるというので、巻頭に出す。楽歌としても、そういう扱いを受けた。だからこれは、楽歌として編集し直されたという可能性が非常に高いんです。他の詩といくらか違って、楽歌としての伝承で、しかも周の文王の歌であるということにして、それで巻頭に出した。フィナーレの楽章の美しいことは、先に言いましたね。

梅原 百人一首の最初にも天智《てんち》天皇《てんのう》の「秋の田のかりほの庵《いお》の苫《とま》をあらみ」というのが……

白川 そうそう、『万葉』も雄略の歌を最初に出したり、次の巻二に舒明天皇《じょめいてんのう》を出したりというように、同じような編集法ですね。

梅原 先生は、全部の歌を解釈された訳ですか。

白川 先に言った「周頌」の一部を除いて、他は大体解ります。

梅原 それは昔からの、ずっと漢以来の『詩』の解釈ですか。

白川 それはね、楽師が伝承しておる時にね、楽師たちがその宴席で説明するんですよ。この詩はどういう詩だ、という風にね。そういうものがやはり伝承として残っとる訳ですね。

梅原 先生の本を読むと、宋の時代になって、歌にそういう歴史的な見解を与えて説明するんではなくて、そういうまあ恋愛なら恋愛歌として、大体純粋の恋愛歌と評価されるようになった、ということですね。

朱子*26なんてのは、そういう形で『詩経』の解釈にも革命的な説を出したという風に……

白川　そうです。それはいわゆる毛詩・三家詩の学というものがね、そういう一種の経学的な伝統を持っていて、そういう経学的な伝統というものが正しい解釈を誤らせておるから、一応毛《もう》*27・鄭《じょう》*28の説を全部捨てるというのが、朱子の主張であった。

しかし朱子もね、この「興」的な発想というものの意味がよう解らんもんですからね、だから「興」というのは語呂合わせであると、例えば「関雎」の詩においてね、「参差たる荇菜は／左右にこれを流る／窈窕たる淑女は／寤寐にこれを求む」というのは同じ句法で、これが「興」である。つまり語呂合わせで同じ言い方を繰り返すというやり方で、主題を転換する、それが「興」であるという言い方をしておる。だから内面的な関係というものを見ずにね、形式的な対応であるという風な解釈をする。

梅原　そうすると折角、歴史的にこじつける解釈法を脱したのに、歌の中の呪的なものを捉えることが出来なかったのでしょう。それが近代的な解釈ですね。やっぱり朱子もまた、古い呪術的な世界を見ることが出来なかった訳ですね。恋愛は、ただ男女の恋としか理解しなかった(笑)。

白川　そうです。宋代の合理主義で解釈をした。

梅原　そうですね、先生の解釈は、全く新しい。「呪」的解釈ですね。

白川　(朱子は) 形式的な対応で呪的な興を合理化しようとした。

梅原 清の考証学[*29]はそういう近代的な解釈ですか。

白川 考証学は訓詁学[*30]が基本です。それで「毛伝」「鄭箋」というのがね、やっぱり訓詁的に非常にしっかりしておるものですから、解釈も間違いなかろうという、そういう前提なんです。清代のは大体訓詁学ですからね、訓詁に適えば信頼出来るという考え方で、結局、「毛伝」「鄭箋」を最高のものとしてしまった。

梅原 ああ、そうですか。一度、宋の時代になって朱子の近代的解釈が出たのに、それは全く否定されて、無視されて、逆に古い解釈にまた戻った訳ですね。

白川 そうそう。

梅原 ああ、そうですか。それでよく解りました。

「碩鼠」の人々——ユートピア「日本」へ渡った?

白川 その次に、「碩鼠《せきそ》」という詩を出しておきましたがね。これは確か「魏風《ぎふう》」であったと思う。魏[*31]という国はね、晋の国が後に三つの国に分かれる訳ですけれども、『詩経』の魏の地域といえばね、大体黄河がオルドスからず〜っと南下しますね。そして洛陽の辺りで直角に右へぎゅっと曲がりますね。あの右へ曲がった内側の所です。つまり山西省の西南部。あの辺が当時の魏という所です。

梅原　都はどこですか。

白川　魏は地域名でやっとるからね。正式の国名は晋です。

梅原　ああ、晋ですか。

白川　晋の中で魏とか……後に韓・魏・趙という風に三つに分かれますわね。要するに山西省の西南部の、黄河の内側になる所です。

梅原　「風」というのは地域に伝わる民謡でしょ。それはやっぱり地域によって大分違いますか。

白川　それは地域によって全然違う。この魏という国は特にね、非常に貧しい所です。山西省の南でね、黄土地帯で、普通の農耕が出来んような所です。

梅原　今でも貧しいですね。

白川　従ってね、そこの領主は非常に厳しい搾取をやるのです。そうしなければ自分たちもあんまり豊かになれん訳ですね。だから領民をこき使うてね、働かせて、収奪して、もう農民には最低限の生活を強いるということをやる。それで農民たちが集団的に反抗を起こしてね、その土地を放棄して脱出するんです。逃げ出す。全員で逃げ出してしまう。

編集部　先生に「碩鼠」を読んで頂きます。

碩鼠《せきそ》（大鼠）

（一章）
碩鼠　碩鼠
我が黍《しょ》を食《くら》ふことなかれ
三歳　女《なんじ》に貫《つか》ふるも
我を肯《あえ》て顧《かえりみ》ること莫《な》し
逝《ここ》にまさに女を去り
彼《か》の楽土《らくど》に適《ゆ》かむ
楽土　楽土
爰《ここ》に我が所を得む

（二章）
碩鼠　碩鼠
我が麦を食ふことなかれ

三歳　女に貫ふるも
我を肯て徳《とく》とすること莫し
逝にまさに女を去り
彼の楽国《らくこく》に適かむ
楽国　楽国
爰に我が直《ちょく》を得む

（三章）
碩鼠　碩鼠
我が苗《なえ》を食ふことなかれ
三歳　女に貫ふるも
我を肯て労とすること莫し
逝にまさに女を去り
彼の楽郊《らくこう》に適かむ
楽郊　楽郊
誰かこれ永号《えいごう》せむ

白川　つまり土地を捨ててね、農民全体が一緒に新しい楽園を求めて移動するという歌です。これはね、日本の古い時代にこんなに自分の住む土地を全部捨てて、全員が他へ逃げ出すいう風なことはね、殆ど記録の上でもない。

ところが中国では、まだおそらく春秋の初め頃であろうと思う、この詩は。そんなような時代に、所払いみたいにね、その土地を捨てて、全員が村を捨てて逃げて行くという、こういう詩が出て来るんですよ。しかしこういうことはね、それから後になって、戦国時代になるともっと激しくなる。戦国時代にはもっと大規模に攻伐が行われて、その都度、場合によっては十万、二十万という風な民衆の犠牲が出るというようなことがあるのです。もう片っ端から徴兵でみな連れて行ってね、戦争でまた根こそぎ殺されてしまうというような激しいことがある訳ですね。

だから全員で土地を捨てて逃げ出すという、今のアフガンのような、ああいうような状態がおそらくもう殷・周の後、春秋期においても戦国期においてもね、僕はあっただろうと思う。

梅原　民族移動ですね。

白川　それで例えばね、最近では山東省の臨淄《りんし》という斉の国の都の跡からね、二千人ほどの遺体が出て来た。その遺体の人類学的な調査をやった結果と、それから山口県の日本海よりの所で五、六十体ある遺体が出とるんですが、それの遺体とが全く同じであった、人類学的にね。

だからこれは、斉の臨淄辺り、あの辺はもう戦争で非常に激しく争った所ですから、都が危なくなると、みなぐるっと北回りでね、朝鮮へ逃げるんです。朝鮮を通って、多分日本なんかへもね、大分来ておるんではないかという。人類学的にみて遺骨が完全に同じであるというんでね、あそこの連中が来とるに違いない。

　こっちの葬ってある骨はね、みな西北向きに、みな臨淄向きにして葬ってあるというんですね。だからあそこからの移民に違いない、というようなことを研究者が言うとる訳ですけれども、多分ね、それぐらいの規模で人民の移動が激しく行われたんではないかと思う。だから我が国の場合には、古いことを調べる時に、その地名とか、その土地の風土的な特徴がそのまま残っとるんです。『風土記《ふどき》』[*32]なんかに書いてあるようなことでね、大体今と繋がるような事実がたくさんある。

　ところが中国のことを調べる場合にね、それはもう完全に駄目なんです。同じ町の名前でもね、あっちこっちにいくつも動いてね、その都度ここが壊滅すると近くの他の土地へ移る、そういう風にしてやるからね、場合によってはもう、全然跡形もないという風なことが非常に多い。この詩をみておるとね、中国のそういう風な民衆の生活の歴史というものと、日本の有史以来の生活の歴史というものとの違いがね、非常にはっきり解るように思う。

梅原　日本で民族移動があったのは、ほぼ弥生時代に限られます。これは中国に動乱が起こってですね、おそらく秦・漢帝国の成立によって多くの国が滅ぼされてからでしょう。そしてボートピープルがやって来た……先生が言った土井ヶ浜《どいがはま》遺跡[*33]などで、その渡来人、即ち弥生人は土着した人間、即ち縄文人と全く違う。骨格的に違う。長崎県なんかでも、近い所にですね、弥生時代の遺跡に、全く縄文人に近い骨と、全く土井ヶ浜人に近いものとが発見されている。集落が近くにありながら、縄文人と弥生人が住み分けをしていたらしい。

「碩鼠　碩鼠」といって、王さまをネズミに例えて批判するというのは、ねえ。こんな詩は日本にはないですわなあ、支配者を「碩鼠　碩鼠」って言うんだからすごいよなあ。「我が黍《しょ》を食《くら》ふことなかれ」っていうのは、日本でいえば天皇に〝もの〟申している訳でしょ。こういう批判、体制に対する厳しい批判の詩というのは日本にはないですね。こういうのはやっぱり一種の「賦」ですか。

白川　ええ、これは形は「比」であるけれども、直叙に近い。

梅原　この詩にはもう呪的な意味はないですか。

白川　「碩鼠」というような言い方は、まあ言うならば「比」的な言い方で、これは領主を指しとる訳だからね。「比」的な発想になってますけれどね、しかし婉曲《えんきょく》に言うんでなしにね、いきなりズバリと言うとるんで（笑）、これはもう直接言うとるんと変わらんからね。「比」というような一種の婉曲な比喩法ともちょっと違いますね。

梅原　だけどこれは希望を語っている。しかし楽土は容易に見つからないでしょうね。

白川　まあユートピアを求めてね、おそらく彷徨《さまよ》うたんだろうと思います。こういう風な社会的情況はね、日本ではなかった。おそらくなかったと思うな。

梅原　それはなかったです。そこが日本と中国の違うところだしね、また日本と西アジアとも違うんですよ。エジプトからモーゼが何十万という民を連れて民族移動した。やっぱりこれも楽土を求めて約束の地に来て、そしてそこに居ったカナン人[*34]を全部虐殺して、その地に乗り込んで支配したということが『旧約聖書』に出てますわな。今も、その昔行《おこな》ったことをイスラエルは行って、パレスチナ人を追い出した。

　中国でも西アジアでも大部分の人類がそういう歴史を経験した中で、日本にはそんな歴史がない。日本は非常に特殊な世界じゃないかという風に思う。東の島国でのうのうとした、こういう厳しい歴史を味わわなくて済んだ結構な国じゃないかという気がして仕方ないですけどね。

白川　殆ど戦うことをしなかった民族ですからな。内輪ではまあまあ、というところで妥協して……

梅原　弥生時代だけです。戦いの跡があるのは。縄文時代には出て来んですよ。弥生時代には頭蓋骨に矢が刺さった死骸がたくさん出て来る。弥生時代は農耕で平和だと思われるけど決してそうじゃない、縄文時代の方が平和で、そんな矢の刺さった死骸なんて出て来んです。

それにしてもこの詩は激しい、世界でも珍しい詩ですね。

白川 ああ、激しい詩でしょ。

梅原 魏の詩にはこういう詩が多いですか。

白川 ええ、魏という国が大体貧しい国であったからね、こういう領主を批判して、社会的な不安を訴えるという風な詩が多い。そして大変貧しい詩が多い。

梅原 そうですか、それは大変に重要なことですね。逆に非常に豊かな国というとどこでしょうか。豊かな国の詩はどんなものですか。

白川 豊かといえば、いちばん典雅な詩といえば、やはり「周南」・「召南」ですね。

梅原 最初の「関雎」も「周南」ですね。

白川 ああ、最初の。あれが営むべき社会であるというんでね、それで「正風」、正しい風。あとの十三国風は全部「変風」。

梅原 「変風」で、この「魏風」のような……

白川 「変風」の中でもいちばん貧しい。

梅原 「魏風」とはまた違った「変風」もありますか。

白川 ええ、違った「変風」は色々あってね、例えば山東省の斉の国なんかではね、やはり領主がこき使うて朝早くから呼び出し掛けたり何たりするというんでね、それで領民が、お殿さまのお召しであるというてあわてて出仕したら、袴があべこべじゃという風な調子のね、狂言の太郎冠者《たろうかじゃ》みたいな詩がある。「東方未だ明けず／衣裳を顚倒《てんとう》す／これを顚《てん》しこれを倒《とう》す／公よりこれを召す」（「東方未明」第一章）という、ちょっとおどけた調子でね、領主を揶揄《やゆ》する、そういう風な詩があって、それは斉という国は大国ですからね、苦しんでもおどけるという

……

梅原　余裕があったんだな。

白川　そうそう、余裕があった（笑）。こんな風に「楽土楽土」というてね、ユートピア求めてさまようというような、こんな激しい状態のものは他にはありません。

梅原　浄土教の教えに近いものがあります。この「楽土」が極楽世界になって来ますけどね。そういう、この世はもうかなわんと、あの世こそ素晴らしい国だという、そういう思想の原型のようですね。何かちょっとすごい詩ですね。そういう風にやっぱりローカルな色彩がたくさん出てる訳ですね。これは『万葉集』じゃ、あんまりないですね。

白川　そう、東歌《あずまうた》ぐらいだね。

梅原　東歌はありますけどね、言葉にはローカリティがありますが、内容にはあんまりローカリティがはっきり出てませんね。防人《さきもり》の歌なんかありますけどね……

白川　防人の歌はね、あれは家持《やかもち》*35が採集しとるから状態は解るけど、東歌はあれは本当に東歌

であるのかどうか、島木赤彦《しまきあかひこ》[*36]が大変感心して、『鑑賞』の中に真っ先に十数首も採ったりしていますね。実際いい歌が多いですな。

梅原　言葉も非常に古い言葉でね、私はやっぱり東歌だと思います。ローカリティはあまりないですけどね。

白川　社会政治詩という風な傾向のものもありませんね。むしろ農村的な、非常に素朴な、例えば、

稲春《つ》けば皹《かか》る吾《あ》が手を今夜《こよい》もか殿の若子《わくご》が取りて嘆かむ　（巻十四　三四五九）

という歌がありますわね。娘が稲をついておると、夜ね、殿の若さまが忍んでやって来てね、おまえの手が荒れたなというて嘆くんですね、そんな歌ですがね。これはまあ極めて農村的な歌で、非常に面白い歌ですがね、赤彦もそれをやっぱり採っとるけどね。

梅原　『土佐日記』[*37]の中で紀貫之《きのつらゆき》が古今集的な歌を作る訳ですが、貫之の上手《うま》い歌ばかりではなくて、それを真似して子供までが歌を作るんです。それが途方もなく下手《へた》だ（笑）。その下手な歌が面白い。そして船頭も歌を作るんですが、それは『古今集』の歌と全く似ても似つかない歌なんです。その中にこういうのがありますよ。

はるののにてぞねをばなく。わかすゝきに、てきるきるつんだるなを、おややまぼるらん、しふとめやくふらん。かへらや。

（『土佐日記』承平五年正月九日）

春の野で男が菜を摘んでいる。すすきが茂っていて、すすきの葉で手を切ってしまった。その苦労して摘んだ菜を親爺や姑が食ってしまう。ああばかばかしい。帰ろうか、帰ろうやという歌です。これは貫之の歌より遥かに呪的であると私は思います。

まあしかし山東省の民俗学的なことはまたお聞きしたいんですけど、今日は時間がないので……「雅」の歌の方に、先生。

「十月之交」・十と七の謎——幽王元年、紀元前七八〇年

白川　今度の「雅」の歌はちょっと長いんですけどね。「十月之交《じゅうげつしこう》」という大変長い詩で、八章六十四句あります。

梅原　これは「大雅」ですか「小雅」ですか。

白川　「小雅」です。「小雅」ですがね、いよいよ西周がもう危ないという時の詩です。幽王の

元年（前七八〇）の詩であるということがね、最近確定出来た。

梅原　幽王の元年ですか。

白川　ええ、幽王元年。

梅原　どうして解ったんですかね。

白川　この日食のことで解った。

梅原　ああ、そうですか。

白川　日食ですからね、オッポルツェル[*38]という人の日食表がありまして、あれで調べてね。ところが実際はこの「十月之交」という題になっとるけど、十月の一日では日食がないんです。本当は七月の間違いなんです。卜文では「七」という字をね、（書きながら）こんな風に「十」の形に書くんです。「十」という字はこんな風に（「｜」）書くんです。昔の「七」が書いてあったのを、後の文献時代の人が見てね、これを「十」とやってしまったんです。

それでね、日食が合わん。僕は岡山大学の小貫章《おぬきあきら》先生に頼んでね、この日食計算をやってもらったけれども、どうしても僕の希望するような年にはね、日食が出て来んと言うんですね。どこぞに間違いがあるんでしょう、という話であった。それが、イギリスの人がね、この「十」は「七」の間違いでないかということを言い出しよって（笑）。

梅原　甲骨文を見た結果ですか？　それともそういうことを知らなくて？

白川　「七」ならば合う、ということ言い方をしておるのです。

梅原　その人は「七」をそう書くことは知らなかった。

白川　そう。古代文字のことは知らずにね、「七」ならば合う、と言った。ところが今度は日本の天文学を研究しとる斎藤国治《さいとうくにじ》*39という先生が、「七」で計算してみるとね、これが合うのです。それでさらにそういう古い甲骨文の書法などを調べてみてね、これはやっぱり「七」の読み間違いに違いない。だからこれは「七」だ、という風にしてね、そのことを本に書いとるんですよ。

梅原　それは何年になりますか。

白川　幽王の元年ですからね、紀元前七八〇年です。

梅原　それまでは「十月」と考えて、もっと時代を下へ置いた訳ですか。

白川　ええ、平王《へいおう》の三十六年（前七三四）に置いておった、日本の学者はね。

梅原　それはもう都が遷ってからですか。

白川　もう洛陽へ遷ってからだからね、この詩に出て来る事実と全然合わない。

梅原　時代が違うと、場所も合わない。

白川　場所も合わない。それからこの詩にね、地震が出て来るんです。この地震がね、幽王二年にある地震なんです。そうすると、この日食は幽王元年でなければならんということになって、このことが西周が滅びる前兆になった。

梅原　地名や人名と合う訳ですね。

白川　ここへずっと出て来る人名がね、大部分は青銅器にも出て来るんです。そうするとこれでね、それらの器物も時期決定が出来る。非常に重要な資料になるんでね、大変長い詩ですけれどもちょっと出しました。

梅原　ゆっくり読んで頂いて（笑）。

白川　一応ちょっと読んでみましょう。ちょっと長いですけどね。

国が滅びる時――古代的概念から生まれ出る文学

十月之交（十月の日月交会の時）

（一章）

十月の交《こう》
朔月《さくげつ》　辛卯《しんぼう》
日《ひ》　之《これ》を食《しょく》する有り

亦孔《またはなは》だ醜《おおい》なり
彼《か》の月にして　微《か》くる
此の日にして　微くる
今　此の下民《かみん》
亦孔だこれ哀《かな》し

（二章）
日月《じつげつ》　凶《きょう》を告ぐ
其の行《こう》を用ひず
四国　政《まつりごと》無し
其の良《りょう》を用ひず
彼の月にして食するは
則《すなわ》ち維《こ》れ其の常《つね》なり
此の日にして食するは
于《ここ》に何ぞ臧《よ》からざる

（三章）
燁燁《ようよう》たる震電《しんでん》
寧《やす》からず　令《よ》からず
百川《ひゃくせん》　沸騰《ふっとう》し
山冢《さんちょう》　崒崩《しゅつほう》す
高岸《こうがん》は谷と為《な》り
深谷《しんこく》は陵《おか》と為る
哀し　今の人
胡《なん》ぞ憯《すなわ》ち懲《こ》ること莫《な》き

（四章）
皇父《こうほ》は卿士《けいし》
番《は》は維れ司徒《しと》
家伯《かはく》は維れ宰《さい》
仲允《ちゅういん》は膳夫《ぜんぷ》
聚子《すうし》は内史《ないし》

蹶《けい》は維れ趣馬《そうば》
楀《く》は維れ師氏《しし》
豔妻《えんさい》　煽《さかん》に方《まさ》に処《お》る

（五章）
抑《ああ》　此の皇父
豈時《あによ》からずと曰《い》はんや
胡為《なんす》れぞ我を作《さく》するに
我に即《つ》きて謀《はか》らざる
我が牆《しょう》　屋《おく》を徹《てっ》し
田《でん》　卒《ことごと》く汙萊《おらい》となる
曰く　予《われそこな》ず
礼《れい》　則ち然《しか》りと

（六章）
皇父　孔だ聖《せい》

都を向《しょう》に作る
三有事《さんゆうじ》を択《えら》び
亶《まこと》に侯《こ》れ蔵《ぞう》多し
慭《なまじ》ひに一老を遺《のこ》して
我が王を守ら俾《し》めず
車馬《しゃば》有るを択び
居《きょ》を以て向に徂《ゆ》かしむ

（七章）
黽勉《びんべん》として事《こと》に従ひ
敢《あえ》て労を告げず
罪《つみ》無きも　辜《つみ》無きも
讒口《ざんこう》　囂囂《ごうごう》たり
下民の孽《わざわい》は
天より降《くだ》るに匪《あら》ず
噂沓《そんとう》　背憎《はいぞう》

職《しょく》として競《きそ》うて人に由《よ》る

（八章）
悠悠《ゆうゆう》たる我が里《うれい》
亦孔だこれ痗《うれ》はし
四方《しほう》は　羨有《あまり》るに
我れ独《ひと》り　憂《うれい》に居《お》る
民　逸《いっ》せざる莫きに
我れ独り敢て休せず
天命　徹《ひと》しからず
我れは敢て
我が友の自《みずか》ら逸するに傚《なら》はず

白川　月食の後に続いて日食が起きた訳ですからね、これはもう大変なことだというてね。

梅原　ああ、月食もあった訳ですか。

白川　うん。月食と日食とが続いた（一章）。

「日月《じつげつ》　凶《きょう》を告ぐ／其の行《こう》を用ひず」（二章）、これは日食とか月食とかいうのはね、日月がそれぞれ正常な運行を誤ったから、それで起こるという考え方があった。だからこれは天地の異変に相当する異変である訳ですね。「四国　政《まつりごと》無し／其の良《りょう》を用ひず／彼の月にして食するは／則《すなわ》ち維《こ》れ其の常《つね》なり」、まあ月食は時にはある訳ですが、「此の日にして食するは／于《ここ》に何ぞ臧《よ》からざる」、日食は稀有のことですから、何ぞ非常に悪いことがあるに違いない。「爗爗《ようよう》たる震電《しんでん》／寧《やす》からず　令《よ》からず／百川《ひゃくせん》　沸騰《ふっとう》し／山冢《さんちょう》　崒崩《しゅつほう》す」（三章）、これは山が崩れ川が溢れるというような大地震であった訳です。「高岸《こうがん》は谷と為《な》り／深谷《しんこく》は陵《おか》と為る／哀し　今の人／胡《なん》ぞ憯《すなわ》ち懲《こ》ること莫《な》き」、これはこのような異変を天の懲罰とみている。天がこんな懲罰を与えるのにね、なぜみな人心を改めんかと。

　そこで悪政をしていた閣僚の名前を列挙している。「皇父《こうほ》は卿士《けいし》」（四章）、これが総理大臣ですわ。「番《は》は維れ司徒《しと》／家伯《かはく》は維れ宰《さい》／仲允《ちゅういん》は膳夫《ぜんぷ》／棸子《すうし》は内史《ないし》／蹶《けい》は維れ趣馬《そうば》／楀《く》は維れ師氏《しし》」、これだけが内閣の閣僚です。

梅原　名前が解るんですか。

白川　ええ、皇父や番や楀など、青銅器にも出て来ます。

梅原　金文で。

白川　その銘に出て来る。「豔妻《えんさい》　煽《さかん》に方《まさ》に処《お》る」、この「豔妻」が例の幽王の后であって、非常な悪女であったのがおりますね。

梅原　何という人ですかね。

白川　えー、何という名前でしたか、その人でないかといわれておるんですが。ああ、褒姒《ほうじ》*40という女。なかなか笑わん女で、その女を笑わせるためにね、あちこちに烽火《のろし》を上げさせて、兵を奔走させて楽しんでおった。それで本当の外寇《がいこう》の時に誰も軍が来なかった、それで周は滅びたということになっている。あの褒姒です。

　ところがね、この「豔妻」は褒姒でないという説があるんです。なぜかといえばね、この詩はおそらく幽王二年の状態で歌うている。ところが褒姒が入ったのは幽王三年なんです。だからこの「豔妻」は褒姒の前の奥さんであろうと。

梅原　それも悪妻なんですかな（笑）。

白川　ああ、それも悪妻に違いないからね、名を挙げている。この作者は、内閣の閣僚全部とそれから夫人も挙げて、「豔妻煽に方に処る」、これが後ろに居ってね、色んなことをやるからであるというのです。

「抑《ああ》　此の皇父／豈時《あによ》からずと曰《い》はんや／胡為《なんす》れぞ我を作《さく》するに／我に即《つ》きて謀《はか》らざる／我が牆屋《しょうおく》を徹《てつ》し／田《でん》　卒《ことごと》く汙《お》萊《らい》となる」（五章）、田んぼも全部荒らしてしまった。「曰く　予《われ》戕《そこな》はず／礼《れい》　則ち然《しか》りと」、これは法律に則ってやりました、という言い訳をする。

「皇父　孔だ聖《せい》／都を向に作る／三有事《さんゆうじ》を択《えら》び／亶《まこと》に侯《こ》れ蔵《ぞう》多し」（六章）、これはこの地震で都が潰れましたんでね、皇父が別に向という所に都を作って、そこへ内閣を移してしまうんです。それで金持ちは全部そこへ連れて行ってしまう。王さまだけこの廃都へ残される訳ですな。「憖《なまじ》ひに一老を遺《のこ》して／我が王を守ら俾《し》めず」、王を守るためにね、一人の長老をも残すことをやらなかった。「車馬《しゃば》有るを択び／居《きょ》を以て向に徂《ゆ》かしむ」、車馬のある者、富豪を全部ね、物を乗せて、自分の都の方へ連れて行ってしまった。

「黽勉《びんべん》として事《こと》に従ひ／敢《あえ》て労を告げず／罪《つみ》無きも　辜《つみ》無きも／讒口《ざんこう》　囂囂《ごうごう》たり／下民の孼《わざわい》は／天より降《くだ》るに匪《あら》ず／噂沓《そんとう》　背憎《はいぞう》／職《しょく》として競《きそ》うて人に由《よ》る」（七章）、こういう色んな禍事というものは、天から来るものではない、人のなす業であるというね。

「悠悠《ゆうゆう》たる我が里《うれい》／亦孔だこれ痗《うれ》はし／四方《しほう》は　羨《あまり》有るに／我れ独《ひと》り　憂《うれい》に居《お》る／民　逸《いっ》せざる莫きに」（八章）、他の者はみな安全を求めて逃れておるが、「我れ独り敢て休せず／天命徹《ひと》しからず／我れは敢て／我が友の自《みずか》ら逸するに傚《なら》はず」、人はみな安全を願って逃れようとしておるけれども、私一人がこの古い都に残って頑張っておるのだというね、つまり都に残った王さま側の役人が、おそらく歌うた歌であろうと思う。

　これはもう西周が滅びる五年前の詩です。そういう国が滅びる時の状態というものがね、非常に具体的に歌われておって、事実を確かめることが出来る唯一の作品です。

梅原　私はこれを読むと『方丈記《ほうじょうき》』を思い出すなあ。

白川　ああ、そうですね。

梅原　『方丈記』はこういう津波・地震・飢饉、それに都の移転、清盛《きよもり》が福原へ移転したね、こういう題材はこの詩と共通している。ですけどね『方丈記』は違うんだ、その都の移転すら天災の如く扱っとるんですよ。これは人災として扱って、責めてる訳ですわな。

日本はやっぱりお上《かみ》に甘いですよ（笑）。人災を天災として語るのが日本的だなあ。あの戦争でも人災ですよ。それを日本人は天災のように受けとめている。

ところがこの詩は厳しいですわな、ものすごく厳しい。独りそういう荒れた野に立って、叫んでるって感じですね。こういう詩は、日本の詩にはないですね。

白川　この時期になるとね、もう作者が自ら名告《なの》って作っとる詩が、何篇かあるんです。

梅原　それも大体解るのですか。

白川　大体はね、作者はおそらくその当時の人だったら……

梅原　相当高官でしょう。

白川　そうです。これだけのことを歌っておればね。いわゆる王党派の代表者という資格でこれを歌ってますからね。

梅原　すごいわな、これ。政治に対するものすごい……

白川　こんな激しい政治詩というものは、日本にはないですね。

梅原　高橋和巳《たかはしかずみ》がこういうものを作ろうとしとったんや。あれはやっぱり、中国のこういう詩が好きなんで。

白川　これは紀元前七七〇年から八〇年代の詩ですからね。

梅原　この詩人は高橋和巳の先生かも知れん（笑）。

白川　これだけ現実感情を持った詩というものは、こんな古い時代にはよそにはありませんわな。

梅原　仮にあるとしたらやっぱり『旧約聖書』の「ヨブ記」とかね、ああいうのに近いな。『旧約聖書』の中にはいわゆる預言者の文学というものがありますね。その中で政治を責めている。こんなものは日本にはない。これはすごいですね、国が滅びたからこういうのが残った。日本のようにずっと一つの王朝が続いている国ではこういう詩は当然消されとるな（笑）。西周と東周とはやっぱりうんと違うんでしょうね。東周は周といっても名前だけですね。

白川　そうです、東周になるとね、名義だけの王になる。だから色んな国際儀礼の時にね、王として一応全体の儀式を仕切るということはやるけれども、実権はもう何にもない。

梅原　実権はどこにあったですか。

白川　実権はそれぞれの列国が並び立っとる訳ですが、その中のいちばん強いのが覇者になる。

いわゆる五覇の時代です。

梅原　それがずっと春秋……

白川　いちばん初めがね、斉の桓公《かんこう》、その次が晋の文公《ぶんこう》、それから秦の穆公《ぼくこう》という風に、いわゆる五覇ですね、それが今のアメリカと一緒で、これが号令を掛けて国際連合を作って、色んな国際会議をやって、そこへ周王を迎えて、それで諸国を規制した。

梅原　東周の初めに完全にそういうことになりますか。

白川　春秋時代が始まるのは紀元前七七〇年それから百年余りして、五覇の時代になります。斉の桓公の在位は紀元前六八五年から六四三年。次に晋の文公（在位前六一七〜六〇七）が覇者となった。周の都が洛陽へ遷って、何とかまだ王朝の形を保っておるのはね、山西省の晋がバックについてくれたからです。晋は初代の文侯（在位前七八一〜七四六）の時から、周と特別の関係にあった。

梅原　覇者というのはやっぱり周王朝を支える……

白川　そうです。国際連合を作って、それで周王室を立てて、その中で秩序を維持する。自分一人では、全体の支配が出来んからね。やっぱり名義上でも王さまが居らんと、全体の秩序が立たん訳ですね。

梅原　それが覇者ですね。こんなのが出たのは周が権力を失ったからですね。

白川　現在のアメリカとよく似ています。今、国際連合を使ってやっとる、これと非常によく似ている。

梅原　国際連合を使っても結局アメリカの言いなりですからな。覇者だな、やっぱり。

白川　覇者というのは時代によって移るからね、アメリカがいつまでも覇者であるかどうかは解らんよ。まだ覇者は動くかも知れん。少なくとも三派くらいにはなるね。

梅原　そうです。まあいちばん長く保って一世紀だと思う。一世紀は保たんと私は思ってますけどね。私が生きとるうちはまだアメリカが覇者だと思うけど、私が死ぬ頃には、今の子供の時代になれば覇者でなくなると思うんだけどね。生きてるうちは覇者だからあんまり悪口言えんけど（笑）。これはやっぱり、私は国が、権力を失ったからだと思うね。こんな詩が残ってるのはな。

白川　非常に具体的でね、内閣の人名を全部並べてね……

梅原　周の王さま批判ですからね。

白川　夫人も良くないぞというような調子でね。

梅原　そんなこと書けんですよ、そりゃ。

白川　とにかく中国の文学というのはね、社会や政治に対する不満から作られるということが、後の伝統においてもね、非常に多いです。

梅原　そうですね。

白川　だから詩人が詩を作る場合でもね、自分が出世出来ずに官を追われるとか、不遇の地位になって、そして社会批判、政治批判を含めて詩を作るというようなことが多いので、大体この「十月之交」なんかはね、そういう中国における詩の、一つの原点のような性格を持っている。政治批判として、社会批判としてやるというようなね。

梅原　まあそうですね、中国詩の一つの中心をなすものでしょうね。述懐、想いを述べるというのにそういう政治的な批判を必ず加えてるんですね。杜甫の詩[*41]でもそうですしね。

白川　日本には殆どそれがない。これが日本と対照的なんです。文学からみてね。

梅原　まあ恨みはありますけどな。恨みを歌った詩はあるけど。

白川　真っ向から批判するというね、改革的な意図を持って、立ち向かうというそういう文学が少ない。

梅原　私は人麻呂は不比等を中心とした政治体制に反抗して流罪になったとみてますけどね。しかし人麻呂の作品には、こんなにはっきり政治批判をした詩はない。

編集部　『方丈記』の場合、自分のこととして哀《かな》しくなって、その哀しみを情景として歌いますでしょ。こう、相手に〝もの〟申すという形はとってませんね、風景としては似てますけど。人麻呂は個人の怨みを抱えて御霊になるんですよね。

梅原 だから『万葉集』でも多少社会批判のあるのは、人麻呂と憶良だな。[*42] 人麻呂が流罪になったりしたらもうそういう歌人はいなくなってしまう。家持は非常に政治的に複雑な動きはするんだけど、結局、歌人としては恋の歌と四季の歌、恋と自然を歌うという、そういう自然詩人になっていく。

そういう自然の歌に秘かに政治批判を籠めた歌はないこともないが、政治批判、社会批判は長歌でないと不可能だ。憶良の歌に多少社会批判があるが、家持以後長歌は殆どなくなり、それが『古今集』に受け継がれる。『古今集』は完全にもう、自然と恋の歌ですからね。だから日本の場合、中国詩の特徴が、中国の詩を輸入しながら失われてゆくという風に私は思ってますけどね。長歌はもう『古今集』以後になると殆ど衰亡している。それにしてもこの詩は本当にすごい詩ですね。

編集部 白川先生は、人麻呂の今の梅原先生の解釈あたりはどう思われます？「怨霊→御霊」の歌人としての人麻呂。

白川 それはね、巫祝者の文学においてはね、そういう古代的な怨みという風なものが文学の起動力になる。だから中国においてもね、例えば楚の屈原、屈原の文学は巫祝者の文学です。それで司馬遷[*43]は屈原の文学を称してね、「けだし怨みより生ずるなり」と言うておる。それは楚に対する愛国の念というものが後ろにあるんだけれども、本質としては宗教者的な情熱に支えられた愛国の情なんです。だからそういうところから楚辞文学が生まれて来ておるということをね、司馬遷は、「怨みより生ずるなり」というような風に言った訳。

梅原　歌に宗教的色彩が加わると、そういう屈原の文学になりますか。

白川　そういうことになるでしょう。

梅原　それでは次へ。今度は……

「旱麓」・「大雅」の「興」——人麻呂の宮廷歌

白川　今度は「旱麓《かんろく》」という詩ですがね。

梅原　これは「大雅」ですか。

白川　ええ、「旱麓」は「大雅」です。「大雅」からも一つ採らんといかんと思うてね（笑）。しかしこの「大雅」の詩は大変珍しくてね、興的発想が濃厚に残っておるんです。だからおそらく「大雅」の詩の中でも、わりに古い性格を持ったものではないかという風に思います。

「旱麓」の詩を読みましょう。

旱麓（旱山の　麓をみれば）

（一章）
彼《か》の旱麓《かんろく》を瞻《み》れば
榛楛《しんこ》　済済《せいせい》たり
豈弟《がいてい》の君子
禄《ろく》を干《もと》めて豈弟

（二章）
瑟《しつ》たる彼の玉瓚《ぎょくさん》
黄流《こうりゅう》　中《うち》に在《あ》り
豈弟の君子
福禄《ふくろく》の降《くだ》る攸《ところ》

（三章）
鳶《とび》　飛んで天に戻《いた》り
魚《うお》　淵《ふち》に躍《おど》る

豈弟の君子
遐《なん》ぞ人（年）を作《おこ》さざらむ

（四章）
清酒《せいしゅ》　既《すで》に載《の》せ
騂牡《せいぼ》　既に備《そな》はる
以て享《きょう》し　以て祀《まつ》り
以て景福を介《もと》む

（五章）
瑟たる彼の柞棫《さくよく》
民の燎《や》く所
豈弟の君子
神の労する所

（六章）

莫莫《ばくばく》たる葛藟《かつるい》
条枚《じょうばい》に施《いた》る
豈弟の君子
福を求めて回《たが》はず

これは、お祭の詩なんですけれどもね、大体「大雅」の詩といえばもっと荘重にね、重々しい調子で神秘的な雰囲気を持ったものなんですけれども、これはお祝いの詩のような、わりに軽い歌い方をしております。

梅原　出来たのはいつ頃でしょうか。

白川　時期はちょっと解りませんけれども、まだ世が乱れるという時代ではないですね。だから少なくとも共和期*44より前。懿王《いおう》とか孝王《こうおう》とかというような時代。『詩』の比較的古い時期に遡ると思います。

梅原　国が治まっていた時代でしょうか。

白川　そうです。それでこれは殆ど各章がね、興的発想を持っとるんです。「彼《か》の旱麓を瞻《み》れば〜」というね、こういう森の繁みを見てお祝いの発想とする訳ですがね、この「何々を見ればば」というのは、我が国でも「何々を見れば」という土地誉めの歌にね、例えば「高い山から谷底見れば」なんかでもそうですけれどもね、そういう風に山の優れた姿を見る、森の繁った様《さま》を見る、草木の勢いの盛んな様を見るというようなことは、みな祝頌《しゅくしょう》の発想になる。つまり生命力の盛んなものを「見れども飽かぬかも」と歌う。

それを歌うということによって、人の生命力を豊かにするという、そういう意味がある。だから「豈弟《がいてい》の君子／禄《ろく》を干《もと》めて豈弟」（一章）という、お祝いの歌になる訳です。初めの二句と終わりの二句とは何の関係もないけれども、前の二句が呪的に働く、いわゆる興的発想です。魂振《たまふ》りです。よく繁った繁みを見る、それを歌うということによって、喜びや幸いというようなものを呼び込むという、そういう歌い方になる。だからこれは興的発想ですね。

それから「瑟《しつ》たる彼の玉瓚《ぎょくさん》／黄流《こうりゅう》　中《うち》に在《あ》り」（二章）、これはお酒ですね。お酒の壺と、それを注ぐものと、というものを歌うておる訳ですが、これもお祝いの発想として用いられておるだけで、或いはその席にあるかも知れんけれどもね、しかし器物の相配するものを歌うことがそのままお祝いの発想になる。

それから第三章、「鳶《とび》　飛んで天に戻《いた》り／魚《うお》　淵《ふち》に躍《おど》る／豈弟の君子／遐《なん》ぞ人（年）を作《おこ》さざらむ」。「鳶　飛んで天に戻り／魚　淵に躍る」というのはね、天の姿、地の姿がね、みな霊活な力をもって活動しておるというね、その様を歌う。その様を歌うことが、そのままお祝いの言葉となる。「あなたはいつまでも幸《さき》くいませ」というような意味の、これはお祝いの発想になるのです。直接繋がらんけれどもね、これを歌うことで、そういう意味合いの連想が働く訳ですね。

「清酒《せいしゅ》　既《すで》に載《の》せ／騂牡《せいぼ》　既に備《そな》はる／以て享《きょう》し　以て祀《まつ》り／以て景福を介《もと》む」（四章）、これはもう、まともにお祭のことを歌うとります。だからこのことから前の章が全部、このお祭の際に行われておるお祝い、祝頌のやり方であるということが解りますね。

「瑟たる彼の柞棫《さくよく》／民の燎《や》く所／豈弟の君子／神の労する所」（五章）、これは同じ表現法で発想をとっておる訳ですけれども、前の二句はお祭です。そのお祭の様子を歌うことによって、お祝いの言葉とする。だからこれもやっぱり興的な発想です。

それから「莫莫《ばくばく》たる葛藟《かつるい》／条枚《じょうばい》に施《いた》る」（六章）、これは草がよく繁って、繁みになっておるということを歌う訳ですが、これは相手の幸せを祈る時の発想法です。つまり興的発想ですね。

「豈弟の君子／福を求めて回《たが》はず」、いついつまでも幸くいませというような、そういうお祝いの歌になる。

この詩は各章殆ど全部興的発想を持っておる。比較的古い形の発想法を残しておりますからね、まあ詩としても古いのであろうと思います。大体「大雅」の作品は、人麻呂の宮廷歌のように堂々たる作品が多いんです。真正面から歌い上げるという風な歌が多くて、こんな何か祝宴の際のささやかな喜びなんていうようなことを歌うことはあんまりないんですけれども、これは民謡的な発想法が非常に濃厚に残っておる、大変珍しい詩です。

「大雅」の詩というと殆ど政治詩、社会詩、道徳詩ですね、そういうもんなんです。公的な性格を持った、そういうものが多い。この詩はそういう中ではちょっと異色の詩であり、しかも非常に民謡的な発想法を多く残しておるからね、珍しいと思ってこの詩を一首採っておきました。

梅原　これはやっぱりこの人を誉めてるんでしょうね。誉め歌でしょうね。

白川　そう、その宴会の時の主人公にね、お祝いを捧げるという歌なんです。この「豈弟の君子」と歌われておるのがね、この宴会の主人公なんです。その人に対するお祝いの歌ですね。

梅原　ご馳走になったから、まあ歌でも作ろうかというところですね。それは一種の自然の活力を呼び起こすという形で最初の二句を付けたところ、そこが面白いですね、興ですね。

白川　そうそう、非常に古い発想がね、宮廷社会の中で生きとるということですね。

梅原　そういう自然と人間とが交感する、国誉めの歌ですね。『万葉集』の中で国誉めの歌を探すと、いちばん典型的なのは、人麻呂*45の狭岑島《さみねじま》を歌った長歌です。人麻呂は四国がものすごくいい国だと誉めているんですね。流人で四国へ行ったにも拘らず、その最初はものすごい誉め言葉で、四国の、国誉めなんです。四国は素晴らしい国だから、自分は命が助かるようにという、そういう願いを籠めて国誉めをする。正に呪歌なんです。しかし狭岑島へ行ったら、屍《しかばね》を見た。飢えて死んだ人間がいたと、そういうことになりますけどね。

こういう詩を読むと、私の人麻呂の解釈はますます正しいという風に思いますけどね（笑）。国誉めという呪術ですけど、これは自分の境遇が悲劇的であればあるほど、国を誉める、「誉める」ことによって、自然と自分が交感して、命が助かるんだという、そういうもんだと思いますね。

この詩も大変参考になるな。日本の詩の解釈の上でも参考になる歌ですね。

「大雅」はもっと色んな種類の歌がございますか。

白川　「大雅」の中にはね、政治詩が非常に多いのです。それから例えば都造りの歌であるとかね、或いは都城を築くのにたくさんの軍隊を連れて、南方に大きな拠点を作らせるなんていうような国家的な事業を歌う詩であるとか、非常に長篇が多い。

梅原　大体それは西周の……

白川　ええ、西周の、例えば宣王期ですね。それから厲王《れいおう》、*46 共和の後に宣王。そして幽王になる訳ですが、この宣王の時代がね、いわゆる中興の時代といわれておって、その時代に今の南陽ですね、当時の謝《しゃ》に拠点を作って、南方族と対峙するために城造りをさせる。その時に召伯《しょうはく》虎《こ》という、これは宣王時代の人で金文にもみえますがね、この人に命じてその都造りをさせる。その都造りの状態が、詳しく歌われておる。その都造りの状態を歌ったものが、「大雅、崧高《すうこう》」

の詩です。

それから大体それと同じぐらいの時代でしょうが、「公劉《こうりゅう》」*47という詩に、周のいちばん初めの豳《ひん》の都を作った時のことをね、これはいわば神話を語るような状態で、懐古的に歌われたもんだろうと思うんですけれどもね、その都造りの状態が歌われておる。これはもう一種の説話詩のような形式で、六章六十句という、非常に長いものがある。

梅原　それはいつの時代ですかね、都造りの詩は。

白川　それはやはり大体宣王期頃にね、一種の懐古的な精神が働いて、そういうものが生まれたという風に思うんですけれどもね。

殷と日本と……周の農業――稗・粟、小麦……稲作？

梅原　先生、これを読みながら考えてたんですけど、周というのはやっぱり、農業は稗や粟農業ですかね。

白川　そうです。稗と粟が主ですね。

梅原　稗・粟農業と牧畜ですね。

殷の方は米農業をやってたんでしょうね。そういう風に考えてよろしいですか。

白川　いや。米ですか、米はね、おそらく南方では米をやっておっただろうと思う。だけど当時黄河の流域でね、米を作ることはちょっと、緯度の関係からみましても殷は相当北になるからね、ちょっと難しいんではないかという気がしますね。

梅原　遊牧民族的な、周は米作はしなかったと思うんですが。

白川　周は遊牧民族ではないんです。もうそれは完全に農耕社会に入っとるけれども、しかし遊牧族と隣接しておるし、場合によっては遊牧族がにわかに入って来ることがあるんですね。牧草地帯が少し飢饉なんかの状況になると。周は定着して、牧畜と稗・粟の農業で生計を立てていた。

梅原　稗・粟と牧畜ですか。小麦はどうですか？　それから黍《きび》は？

白川　小麦はかなり早く入っていたかも知れんと思いますね。それは陝西省《せんせいしょう》から入って来とるから。黍はもうちょっと後になります。

梅原　やはり小麦はもう既に入って来てますか。大体畑作農業ですね。

白川　ええ、畑作ですね。

梅原　何か民俗的にも大分違うような気がしますね。南方とは……

白川　ええ、南方とはよほど違う。

梅原　殷にはやっぱり南方的なものが入ってますね。

白川　殷は大体山東省から起こっとるんですけれどもね、後には河南から武漢三鎮の辺りまで下りてますからね。

梅原　南方的な性格がありますね。

白川　武漢の辺りで屈家《くっか》嶺文化《れいぶんか》と接触してますからね。おそらくその頃になると米作も一部入っていたかも知れません。

梅原　一部入ってるような気がしますね。

編集部　殷と南との接触が、かつて北方にいた南人との交流が、殷に米作をもたらしたと……殷人が日本人と似ているように、南人も日本人と似ていますし、日本人を介して、殷と南が繋がっているという想像をしてしまいます。しかし周が、よく解らない。よく解らないけれど、先生の本を読んでいると、どこか身近に感じる。

梅原　大体殷というのは、先生がおっしゃった呪術的な社会ですね。しかし周となると詩の中では呪的な発想を残しつつ、合理主義が強くなりますね。

白川　それはね、殷はまだ神話を持っておるし、神話的に、一種の世界観の下に祭政的な政治をしておるからね、いわゆる神聖王朝ですわね。ところが周はそれを倒した。しかもそれに代わる神話体系を持っておらんのです。だから、我々は天命によって王権を得たというより以外に、王権の根拠を示すことが出来ん訳です。だから天命を受けたと称する。政治の理念として天命が主張されるようになるので、『詩』の中では、一般社会のうちに、呪的な観念はまだ強く残っています。

梅原 周の合理主義的な考え方は、儒教に受け継がれていると考えてよろしいでしょうか。

白川 そうです、それが儒教の基本になっておる。その天命の思想というのが『尚書《しょうしょ》』の中に色々説かれておって、『尚書』を儒教の経典とすることによって、儒家はそういう周の天命思想というものを受け継ぐ訳ですね。天命というものは徳のある者に下るものである、というね。

梅原 『尚書』はいつ頃作られたのですかね。

白川 『尚書』の成立というのは非常に難しくてね、孔子がどれだけ『尚書』の篇を見ておったかということはね、ちょっと疑問というぐらい。まだ本当の形にはなっていない。しかし孟子の時代になるとね、かなりの程度出来ておる。しかし今の『尚書』とはかなり違う。例えば堯《ぎょう》・舜《しゅん》の説話なんかがね、『尚書』に出て来る堯・舜の話とかなり違う。

梅原 ということは、『尚書』が出来るのは『詩経』が出来た時と同じ頃でしょうか。

白川 いや、『詩経』の方が前ですね。それは楽師が伝承しておって、ただ文献化されておらんだけであって、もの自体は既に西周の終わり頃に出来ているのです。

梅原 『尚書』というものは一種の政治哲学が語られているといってもよろしいでしょうか。

白川 『書経(尚書)』というのはね、作り上げたものです。初めからあったもんではない。ただしかし「周書」といわれるものがあるんですがね、『尚書』の中に「周書」といわれる部分がある。それはおそらく何びとかによって、例えば周公家などによって伝承されておったものが、文献化された。

梅原　伝承はされておったんですかね、次々と。

白川　それはね、例えば即位式を書いた「顧命《こめい》」*48という篇がある。即位式というのは歴代の王の総てが行う訳ですね。それでこの「顧命」は康王《こうおう》という王さまが即位した時の儀式の次第を基として記録している。そして後に色々付け足されて、陳列する宝物なんかの名前も付け加えられて、今の『尚書』に残る一篇となった。それで大体原型は辿れる訳です。ほぼこういうものであったであろうと。

梅原　詩と法律だからな、この二つが整ってくると国家が整う。
それでは先生もう一つ。今度は……

怨霊と守護霊——殷人の末裔・宋人と海幸彦の末裔・隼人と……

白川　短いのが二つ残ってますが、これは「頌」の中から。「頌」の中からも、採りたいと思いましてね。

「有客《ゆうきゃく》」というのはね、ちょっと珍しい詩ですから、これ一つ読んでみましょう。

有客（まらうどぞ　参ります）

（一章）
客有り　客有り
亦た其の馬を白くす
萋《せい》たる有り　且《しょ》たる有り
其の旅《りょ》を敦琢《たいたく》す
客有り　宿宿《しゅくしゅく》たり
客有り　信信《しんしん》たり

（二章）
言《ここ》に之《これ》に縶《ちつ》を授《さず》け
以《もっ》て其《そ》の馬を繫《つな》ぐ
薄《しばら》く言に之を追ひ

左右に之を綏《やす》んず
既にして淫威《いんい》有り
福を降《くだ》すこと孔《はなは》だ夷《おお》いなり

これは大変珍しい詩ですけれども、大体王朝のお祭の時にはね、王朝の祖先をお祀りするだけでなしに、その王朝が滅ぼした前王朝の霊を客神として呼ぶんです。異族神として、客人《まろうど》として呼ぶ。これは周の祖先のお祭をする時に、周に滅ぼされた殷の祖先神が、白馬《あおうま》に乗ってそのお祭に参加する、その儀式です。

例えば日本で天皇がお祭をなさる時に、隼人《はやと》の舞を献上させるとか、征服した連中の歌舞音曲なんかを奏上させたり、参向させるということをやりますね。あれと一緒でね、異族神がこれに参加するという時のお祭です。「客有り」というこの「客」は、滅ぼされた殷の祖先神の霊が客として臨む訳ですね。それで殷は白を尊ぶから、馬も白馬に乗ってやって来ます。そしてお供え物をたくさん持って、粛々としてやって来る。そうするとやって来たものに「言に之《ここ》《これ》に縶《ちっ》を授《さず》け／以《もっ》て其《そ》の馬を縶《つな》ぐ」と言うんですがね、馬を繋いでしまうということは、捕虜にするということですよ。一遍これを捕虜にする。つまり滅ぼした王朝であるから、征服儀礼を繰り返す訳ですね。

「薄《しばら》く言に之を追ひ」、それでちょっと格闘するような格好をして、そしてなだめすかすようにして押さえ付けて、捕らえた、捕虜にしたぞという風にして、そのうちにその客神がこの儀礼に感じて、周からなだめられたというのに感じてね、大いに神としての威霊を現わす。それが周の祭に従うというね、つき従うというお祝いの儀式になるのです。その儀式次第を、これは歌うとる訳です。

殷人は本当に馬に乗ってやって来たんだろうと思う。周は本当に、それを征服して、服《まつろ》わせるという儀式を模擬儀礼的にやったんだろうと思う。それで祭が終わると、目出度《めでた》し目出度しという手打ちをやったんだろうと思う。その儀式次第が全部、ここに歌われておる訳なんです。そしてね、これを歌いながら、その儀式をね、もう一遍再現したんだろうと思いますね。これは異族神参向の儀礼、儀式を実際にこの詩に歌われておるような状態でね、演じたんではないかと思う。

日本の古い時代にも、異族神がそのお祭に参加して、降伏の儀礼を再現するというようなことをやるとすればね、丁度この歌のような状態であったであろうと思う。

梅原 ええ、そうです。怨霊祭ですね。天《あま》つ神《かみ》の長として祀られた伊勢の神に対して、天つ神に征服された国つ神が出雲大社に祀られている。その出雲大社の神主が、服従の儀礼として、朝廷にやって来て、出雲の寿詞《よごと》*49を称えて、出雲の神さまは自分がしっかり鎮魂しているから安心して欲しいということを言うんですね。殷の白馬の儀式も同様の儀式だと思うんです。そういう儀式は日本で大変盛んだけど、中国でもちゃんとあったんですね。本当にそっくりです。

殷は白い色が好きなんですか。

白川　「殷人、白を尊ぶ」という言葉があります。逆に周は「赤」です。「五行相克《ごぎょうそうこく》*50」の思想です。殷は宋の国として残ります。その子孫がね、宋という国で先祖の祭をずっと続ける訳です。この頃も宋人は神事に「白」を使ったと思われます。

梅原　周の末裔はどこに。

白川　周も周の何君というような名でずっと残っておったんですがね、秦の始皇帝即位の数年前に滅ぼされたんですね。

周の国が殷を滅ぼして、それで自分の先祖を祀る時に、自分の滅ぼした王朝の子孫を、これを二王三恪《におうさんかく》*51というてね、いくつもあるんです。これはみな滅ぼされた古い王朝の子孫、こういうのがみな残っておってね、絶滅させずに残しておくんです。先祖のお祭が出来る状態で残しておく。そして自分の王室のお祭には「客神」として出て来させて、お参りをさせる。

そういうことによって単に今の世界を統治しているだけでなくてね、かつての歴史的世界にも自分たちの威光は及ぶんだという形を残す訳。これをなくしてしまうとね、歴史から孤立するのです。

梅原　その考えは、今でも日本の色々な神社に客殿という形で残っていますね。客殿はその名の通り、「客神」の坐《いま》す社です。御本殿には主祭神として新しい神・今木神《いまきのかみ》がいらっしゃるのですが、客殿にはちゃあんと、古い神さまが残っている。新しい神さまが滅ぼした古い神さまを大切に祀っている。お祭の時には新しい神とともに古い神の姿が見えてきます。

白川　滅ぼしてしまって敵にするよりは、残しておいて、自分の祭に参加させて、協力させる方が支配の形態としてはいい訳です。

梅原　やっぱり御霊信仰ですね。

殷は宋の国として残る訳ですよね。

白川　宋の国も残りますけど、殷の遺民もみなここへ集まる訳です。ところがね、生活習慣が他と違うでしょう。だから宋の人といえば、手に負えん愚か者ということになっていますね。

梅原　宋襄《そうじょう》の仁《じん》*52というのも宋の国の話ですね。

白川　ええそう。それに例の待ちぼうけの話もそうです。それから船で川を渡っておって、途中で剣を落とした男がね、船が着いてから着いた所で一所懸命、水中で刀を探したというような話——とにかく間の抜けた話は全部「宋の人」の物語として伝わる。生活習慣が周りの人たちとは違うんでね。

梅原　一時代前の人の考え方なんですね。

白川　この宋の人というのは最後は六朝の北魏の時代ぐらいまで残っていて、『洛陽伽藍記《らくようがらんき》』によると、あの洛陽の町の一角にまだその子孫が残っていて、ここだけ別世界であったといいます。他との交流もなかった。

梅原　今の少数民族もそういうもんではないかと私は思ってるんですがね。

白川　いわゆる宋の頑民《がんみん》、頑固なやつだけがね、そうやって残った。

梅原　湖南省で発掘した城頭山遺跡《じょうとうざんいせき》*53というのが、楓《ふう》*54の木というのを大事にする。神事に使うような所はみな、楓の木を使っている。この木は南人即ち苗族が大切にしている木なんです。多分城頭山遺跡の文明を作ったのは苗族ではないかというのが明らかになってるんですけどね。

かつての支配者がこういう少数民族という形で残っている。中国は被支配者を絶滅させなかったんですね、どこかで生かしておいた。

白川　異民族を利用するというやり方をする。

梅原　これ、大変面白いですね。しかし、隼人でも確かにそうなんですけどね、隼人は征服されたという一面もあるけど、天皇家の祖先は隼人族でもある訳です。例の「海幸・山幸」の兄の海幸彦の系譜ですから。だから護衛に使った。征服ということになってるけど、護衛に使ったというのは重要ですからね、やっぱり山幸と海幸はあくまで兄弟ですから、山幸族即ち天孫族は海幸即ち隼人と自分たちは同じ種族だと思っていた節があります。

しかし、鎮魂儀式は大事ですね。これは日本では非常に発達したんではないですかね。平安の御霊会《ごりょうえ》などはその典型です。

白川　中国の場合にはね、異民族は殺すんですよ。中華圏外の者はね、殺して首を取って来て、城門に埋める。この殺した異民族は守護霊として使う。戦争で遺棄された屍体があると、それを集めて城門に埋める。京都の「京」という字は城門を示す字ですがね、ここはアーチ状になっている。屍体はこの壁の中に全部塗り込んで、埋めてしまう。ここでお祭なんかをする場合、祝詞を置く。高い城楼になっている、それが「高」。「京」も同じ。匈奴族《きょうどぞく》なんかの敵の首領を討ち取るとね、みな壁に埋めてしまう。魔除《まよ》けになるのです。

梅原　「高」や「京」は屍体を収めている所なんですね。そしてその屍体は異民族のものですか。異民族と戦う時、その異民族の首が最も呪力を発揮するんですか。

白川　いやそれは違っても構わない。一種の守護霊として働くという信仰がある。だから殷の王さまの御陵ね、安陽には二千体もの、異民族の首を取った胴体だけをね、十体ずつ、何十列にもだーっと並べてあった。首は首で別に、二千個ですよ、十個ずつだーっと並べてある。郭《かく》沫若《まつじゃく》さんなんかは、これを奴隷だと言うんですがね、僕は奴隷をそんなにむざむざ殺したり、不経済なことはやらんと思う。それで首を離すのは、首があるとね、復活して悪く働く恐れがある、抵抗して来る恐れがあるから、別にするんです。

編集部　それも日本とよく似ていますね。平将門《たいらのまさかど》でも首と身体《からだ》を分けて祀る。首は京で、身体は関東。神田明神《かんだみょうじん》は、一説に「身体」明神といわれていますね。お聞きすればするほど、どこかで日本の記憶の中に古代中国が眠っています。

梅原　もう一つお願いします。

古型を残す「周頌」――周鐘を鳴らし歌い上げる

白川　これも「頌」です、「桓《かん》」という「頌」。「周頌」はあまり多くありませんが、その中でかなり古い形のものであろうということで、それを一つだけ挙げておきました。

桓（四方《よも》の国々を安んじ）

万邦《ばんぽう》を綏《やす》んじ
婁〻《しばしば》豊年《ほうねん》なり
天命　解《おこた》るに匪《あら》ず
桓桓《かんかん》たる武王

厥《そ》の士（土）を保有《ほゆう》し
于《ここ》に四方を以《たも》ち
克《よ》く厥の家を定む
於《ああ》　天に昭《あきら》かなり
皇《こう》　以て之《これ》に間《かわ》らしむ

「於《ああ》　天に昭《あきら》かなり」という、天命的な思想がね、ここに二つ出て来ますね。非常にはっきり天命思想が出て来ておる。この詩は大変古いと思うんですがね、それは殆ど韻を踏んでおらんのです。二か所しかない。これも韻を踏むという意識があって踏んだのか、たまたまそうなったのか解らんぐらいですね。

前の「有客」の詩はね、後の五句ほどがず〜っと連続に韻を踏んでいますからね、これは押韻の意識があったとみて良かろうと思う。ところがこの「桓」の方は、途中の二か所だけに韻がある。ということは、これは偶然にそういうことが有り得るという状態ですからね、これは韻を踏んでおらんかも知れん。もし韻の意識がなかったとすれば、これはおそらく「頌」の形態の、非常に古い形を残しているのではないかという風に思います。言葉使いも非常に簡素でね、前後の脈絡も付きかねるような、一個ずつぽつんぽつんと出て来るような歌い方をしておりますね。
　多分これは演奏なんかを交えて、ぼちぼちと歌うというような歌い方をしたものではないかと思う。この詩は他のこういう関係の詩六つと合わせて「大武の楽章《だいぶ がくしょう》」＊55としてね、この「周頌」の中に色んなものがあるんですがね、こういう形式のものが六篇だけあるんですよ。その全体が『左伝』の中ではね、「大武の楽章」として扱われておる。だから一つの組曲になってね、演奏の途中に歌を入れるという風な、一種の演舞形式の楽曲になっておったのではないかと思う。
　これは形態として非常に古い。だからまずここらあたりが、古い時代の「頌」の形態を窺うことが出来るものではないかと思う。
梅原　武王への誉め歌ですね。周の国を誉めた。
白川　これは周の礼楽が起こった昭王・穆王の時代、紀元前九七〇から九八〇年ぐらいに大体廟制が整いますから、その頃に例えば武王の廟で楽を奏して舞曲を献ずるというようなことがあるとすれば、こういう風な詩が用いられたかも知れん。それは『詩経』の中で非常に古い時期の詩篇と言うことが出来るのではないかと思う。
梅原　古い曲だったのでしょうね。あまりきらびやかでない、非常に素朴な。でも言いたいことは言ってますわな。

白川 この昭王・穆王の時代から、釣り鐘が出来るんです。これが伴奏器になる。また音階楽器になるのは、春秋まで下るんです。

梅原 音階楽器は何を使ったのでしょうか。

白川 オーケストラ式にね、大合奏をやるんです。非常にたくさんの楽器を使います。春秋期になると、音階規定が非常に厳密になる。そういう楽関係の文献でかなり古いものが出て来ます。春秋期・戦国期にまで遡るものも多く出て来る。管・絃・鐘など複雑な組織になっているので、オーケストラ形式になっているだろうと思う。

梅原 国の滅亡とか君主を誹《そし》ったものとか、やはり音楽でされたのでしょうか。

白川 歌が主になってしまうのでね、楽を入れた。しかしこの詩なんかは音楽の間に一句ずつをはめこんでやるのでしょう。だからそのリズムで流れるという詩を作る必要はない。それでぽつんぽつんとした詩句になるんだろうと思う。

梅原 ああいう王さまの悪口言うような詩を音楽付きでやられたら、たまったもんじゃないなあ。

編集部 国の滅びる歌とかも、鐘を叩きながら演奏したんでしょうか。

白川 ああいうのになると、もう歌い上げるというような調子で、集会の時に朗々と歌って、政治批判をやる訳ですよ。(田中)真紀子さんぐらいのね、効果はあると思う(笑)。

編集部　その場合はあまり楽器なんかは……

白川　神さまに捧げる時は楽器を入れんと、肉声だけでは十分聞いてくれんのです。だけどまた人に聞かせようとする時にはね、楽器を使うと言葉が聞こえんようになってしまう。

編集部　では歌い上げるというだけ。

白川　そうそう。言霊の力で相手を圧倒し、民衆を動かす。

梅原　『旧約聖書』の預言者[*56]の言葉もね、やはり歌ったに違いないんですよ、声出してね。

白川　「大雅」・「小雅」には政治詩・社会詩が多いんでね、その中から格言的な言葉がたくさん出て来るんです。道徳的な考え方、思想性のあるものがね、たくさん出て来る。思想とか道徳とかが、詩篇の中で成熟していく訳ですね。そういうものが、楽師集団が宴会の時とかに歌いますからね、知識社会に詩人たちの発言が浸透する。そういう風にして思想が形成されていく。

日本の古代の歌謡には、そういう思想を形成する基盤になるような歌謡が殆どなかった。柿本人麻呂の中にも思想性を持つものはあんまりなかった。山上憶良なんかはいくらか作っておるけどもね。

そもそも『万葉集』自体が社会生活の中で広く伝承されるようなものでなく、殊に最終の四巻は大伴家持の日記みたいなもので、大伴家に残されておって、大伴家が何か疑獄事件で被疑者になって、家宅捜索された時に見つかった。もしそれがなかったらね、『万葉集』は伝わらなかったかも知れない。そういう私的な性格のものであった。

そもそも中国の『詩経』はね、貴族社会の中で、宴会ごとに一定の詩を演奏し、また希望する詩篇を楽師に演奏させて、そしてその思想を確かめながら伝承していった。だから中国における思想の形成は、僕は『詩』の世界から出て来ておると思う。


梅原　そこがね、日本の『万葉集』と違う点ですね。政治詩・社会詩の欠如、これは日本文学の大きな問題です。

日本と中国は一衣《いちい》帯水《たいすい》というけれど、非常に文化が違うんです。『万葉集』には自然の呪力を歌ったものはある、それから恋愛の歌もある。しかし政治詩・社会詩が殆どない。政治詩は長歌でないと出来ない。長歌は人麻呂と憶良ぐらいで終わりです。憶良的な長歌でも君主や国家に対する批判ではない。家持は藤原権力に対する批判を持った人だけれど、結局最後は挫折して自然の世界に慰めを求めた歌人で、四季の歌をたくさん作っている。

『古今集』を編集した紀氏[*57]というのは藤原氏に滅ぼされた氏族なんですけど、『古今集』の時代には完全に力を失っていて、政治は藤原氏に任せて、自分たちは文学に生きようとする。『古今集』は初めの六巻は春夏秋冬の自然詩。自然を歌っているようで実は恋を詠んでるんですがね。それから純粋な恋の詩が十一巻から十五巻。

『古今集』には政治的色彩が殆どなく、それと同時に長歌も殆どなくなって、あっても駄作です。私はそこに非常に大きな日本文学と中国文学の違いを感じるんです。これはず〜っと今の文学の情況にまで引き継がれていると思うんですよ。現代日本文学にもやはり社会的な文学、政治的な文学というのは殆どない。

やはり私小説。恋愛とかばかりで、それが純文学と言われている。こういう情況がずっと続いている。これはいいことか悪いことか解りませんけどね。それほど日本は平和なんですね。しかし何らかの社会的な、政治的な発言をしなければ、文学は意味を持たないのではないかと思うんです。

白川　個人の中に籠もり過ぎておるという感じがしますね。

梅原　日本で唯一の社会的な文学というとプロレタリア文学ですが、一時期だけのものです。マルクス主義が崩壊すると、社会的な文学は日本では全《すっか》り失われてしまいます。今はもう完全に私小説の時代。これは何か根が深いですね。

白川　日本からみると中国人は政治的人間であるというけれども、しかし日本人の方が政治的なものの欠如状態であってね、むしろ、そういうものを充足しなければならない。政治がなければ社会は有り得ないんだから。みんなが個人の中へ籠もってしまったら、社会形成そのものが出来ない。社会生活がある以上、政治的なものは必ずある訳ですから、文学もそういうものに分野を広げていかなければね、これが日本文学の宿命だということでは済まされないと思う。

梅原　この前講演会で戦争のことを取り上げて、それは瀬戸内寂聴《せとうちじゃくちょう》と井上《いのうえ》ひさし、加賀乙彦《かがおとひこ》の三人と講演したんですけどね。こういうのは大変珍しいことだと新聞に取り上げられる。梅原は右翼だと思ってたらいつの間に左翼になったんだと批評されましたけどね。今、戦争や社会問題を正面から発言することを文学者は殆どしないんですよ。私は文学というものはそういう社会的関心を持たない限りは意味のないものだと思う。こういうことを言うと、すぐマルクス主義になったかとか言われるけど、そういうことじゃないんです。文学に社会の不正に対する怒りが当然反映されるべきだと思います。文学に、宗教や哲学、つまり〝思想〟がないとダメなんだ。僕はそう思う。

今日は先生の教えを受けて、ますます私の目指している方向は正しいと思いました（笑）。本当にいいご講義をありがとうございました。先生の本を読んでまた勉強しますわ（笑）。

編集部　一篇ずつ読んで解釈して頂いて、本当にありがたいご講義でした。

梅原　今日のような解りやすい講義はないんじゃないかな。

編集部　そうですね。梅原先生は、今日は『詩経』と『万葉集』を比較する上で、記紀神話を間に入れたらうまく対峙させられるんじゃないかとおっしゃってましたけれど、雄略帝の巻頭歌、隼人のこと等、より具体的なお話に入ってゆくと、もっと〝何か〟見えてきたのでは……。

今日は急ぎ足になりましたので改めての機会にと存じます。本日はありがとうございました。

（二〇〇二年二月五日　京都ロイヤルホテルにて対談）

註

＊1――『詩経』「五経」の一つで、中国最古の詩集。全三〇五篇を収録し、「風」「雅」「頌」の三部分に分かれる。

＊2――楽師　中国では皇帝・諸侯の許で、祭祀・饗宴の楽を自ら指揮し、楽人の教習に当たった者をいう。『呂氏春秋《りょししゅんじゅう》』には絶対音感を持つ者などが描かれているが、その才能にも拘らず、『史記』では技術屋などと蔑視されている。

＊3――乱「おわり」と訓ずるのは、この字に「おさめる」の意があることに依る。「乱」は「亂」と「𤔔」の二字の意を受けており、「亂」は「おさめる」、「𤔔」は「みだれる」を原義とする。

＊4――無筭楽　儀礼の時に一定の次第において演奏される入楽の詩に対して、宴飲の時に自由に歌われる詩をいう。自らの気持を表現するのに適した詩を選んで歌わせた。これを賦詩断章という。

＊5――周　中国古代の王朝。前一〇五〇年頃、武王が殷を倒して創設したが、十二代幽王の時代に一度滅ぼされる（前七七一年。これ以前を西周と呼ぶ）。前七七〇年、廃された元の太

子・宜臼《ぎきゅう》が王に擁立され（平王）、東の成周に逃れて再興したのが東周である。この東周時代を「春秋戦国時代」ともいう。前二五六年に秦に完全に滅ぼされる。

西周は祭礼の形態を殷に学び「金文」の時代を負ったのに対し、東周ではその思想を全く異にすることになる。

＊6――唐棣　バラ科。にわざくら（にわうめ）のこと。すもの一種。

＊7――昭王・穆王　第四・第五代の周の王。前十世紀後半頃。王朝の政治的儀礼が整備される一方、青銅器など文化的な変化には乏しい時期であった。

＊8――鐘　古代の青銅製楽器。祭祀・饗宴、軍隊の合図等に用いられた。簴《きょ》という横木に掛け並べた編鐘という形式で演奏され、春秋戦国期には十三〜十四個がセットになり、メロディの表現も可能であった。

＊9――宣王・幽王　第十一・十二代の周の王。幽王は失政多く、申后《しんこう》を廃し、愛妾・褒姒《ほうじ》を皇后、その子伯服《はくふく》を太子にしたため、貴族層の背反が決定的となり内乱が勃発。その機に乗じた犬戎《けんじゅう》により幽王は殺され、西周は滅亡する。

＊10――美刺　「詩篇を政治的・道徳的な批判の表現として理解する解釈法は、美刺と呼ばれている。この美刺の観念は従来の詩経学の方向を規定するものであり、また古代の文学思想の中心をなすものであった。」（『白川静著作集』の「詩経Ⅰ」序章）

＊11――『左伝』　『春秋左氏伝』の通称。孔子の編といわれる魯の年代記『春秋』の注釈書。孔子の弟子・左丘明《さきゅうめい》の著と伝えられるが、実際は戦国期に書かれたものと思われる。文公六年

の記事で、「黄鳥」にある殉死について批判している。

＊12——**三家詩**　漢の統一達成の時期に整理され、テキスト化された。「魯詩」は魯の申公《しんこう》、「韓詩」は燕の韓嬰《かんえい》、「斉詩」は斉の后蒼《こうそう》がそれぞれ伝えたものである。しかし今は『韓詩外伝』六巻を除き、総て失われている。

＊13——**「毛詩」**　三家詩の後に出た、毛亨《もうこう》による『詩経』のテキスト。本文も註もすぐれていたため、後漢以後は三家詩を圧倒し、現在に「毛詩」のみが伝わることになる。その註に当たるのが「毛伝《もうでん》」である。

＊14——**「鄭箋」**　後漢の儒者・鄭玄《じょうげん》が作った「毛詩」の註。『五経正義《ごけいせいぎ》』（唐の勅撰書）が「毛伝」「鄭箋」に依って「疏《そ》」（註に対する二次的註）を加え、詩経学の伝統が確立した。

＊15——**賦**　「賦はもと土地ぼめの呪誦として、山川都邑を歌ったものに起原し、それより言魂的な文学として展開した。」（『字統』）

＊16——**六義**　『詩経』における六つの詩の原理或いは分類法。「風・雅・頌」は内容・性質による分類、「賦・比・興」は修辞法による分類とされるが、個々の定義については諸説ある。白川説は、「興」の理解の誤りから『詩』の解釈が乱れたとする。

＊17——**『古今集』の序**　「仮名序」に「うたのさま、むつなり」とあり、「六義」を和歌の理論に転用している。本文にあるものの他、「風」は「そへうた」、「雅」は「たゞことうた」、「頌」は「いはひうた」と記される。

＊18——**班固**（三二〜九二）　中国、後漢の学者・文人。前漢の史書『漢書《かんじょ》』の著者。「両都の賦」

では後漢の都・洛陽が前漢の都・長安に勝ることを歌う。

*19——**張衡**（七八〜一三九）中国、後漢の科学者・文学者。後漢では、最高の官である尚書にもなった。文学の才のみならず、天文・陰陽・数学等にも通じていた。「両京の賦」とは、「西京」・「東京」の二つの「賦」を指す。

*20——**左思**（二五〇？〜三〇五？）中国、晋の詩人。下級士族の出で、出世の道が閉ざされていたため、文筆活動に精力を注ぐ。「三都の賦」は十年の歳月をかけた大作で、魏・呉・蜀三国の首都の繁栄の様を写実的に描いた美文である。

*21——**誓約**　古代日本における卜占の一種。神に祈誓して、その意を伺うことをいう。草摘みに限らず、祈狩《うけいがり》、誓湯《うけいゆ》、誓酒《うけいざけ》など様々な方法がある。記紀神話の天照大神とスサノヲの命の姉弟の「誓約」は、神の子を生んだ。

*22——**河姆渡（遺跡）**　中国浙江省《せっこうしょう》にある新石器時代中期の遺跡。仰韶文化と並び、最古級の新石器時代文化期の遺跡とされる。稲の籾なども出土し、稲作文化の存在が知られ、黄河文明中心の古代文明史観に一石を投じるものである。

*23——**（ホメロスの）鳥占い**　例えば『イーリアス』（岩波文庫　呉茂一訳）上第一書の一文に「衆人の中に立ち上ったのはテストールの子カルカース、鳥占師の中にもとりわけ優れた者とて」とあるように、鳥占師・鳥占はホメロスの作品中に頻繁に登場する。

*24——**鰻**　日本の鰻の産卵場は長年の謎であったが、最近グアム島の西方海域と特定された（二〇一一）。

鰻はその形態・発生の不思議さから、世界各地で信仰の対象とされて来た。日本でも、伊豆の三島大社では三島明神の神使とされ、捕獲を固く禁じられた。京の三島神社でも神使とされ、鰻供養が行われる。また鰻の神徳は安産を捉すという。

＊25――**青木正児**（一八八七～一九六四）大正・昭和期の中国文学者。山口県に生まれる。京都大学教授・立命館大学教授等を歴任。中国の文学・音楽・風俗等を研究。また漢文を中国音で読み下すことを提唱した。著書は『支那文学思想史』他。

＊26――**朱子**（一一三〇～一二〇〇）名は熹《き》。中国、南宋時代の思想家。いわゆる朱子学の大成者。中でも理と気によって世界を把握する理気二元論は有名。

『詩経』については、著書『詩集伝』で毛亨・鄭玄の旧説を退けて詩の合理的解釈を試み、その解釈は一世を風靡した。ここに『詩経』は自由討究の時代を迎える。

＊27――**毛（亨）**（生没年不詳）前漢の人。『詩経』のテキスト「毛詩」を著す。荀子の学を伝え、『詩経』の経・伝を修めた。その解釈は三家詩と同じく美刺の観念に基づき、様々な説話と結び付けたもので、付会にわたる説が多いとされる。

＊28――**鄭（玄）**（一二七～二〇〇）中国、後漢の儒者。山東高密の人。漢代経学の大成者。馬融に学んでその経学を受け、殆どの経書に註している。「毛詩」に対しても註釈を加えており（「鄭箋」）、以後約十世紀にわたり詩経学の権威となった。

＊29――**考証学**　中国、清代の学界の主流となった学問の方法。漢代の古典研究を尊重した故、漢学とも呼ばれる。観念的な学である朱子学や明代の陽明学とは対照的に、厳密な証拠に基

づき実証的に学問を研究しようとする方法。

*30――**訓詁学**　字義通りには「古字古言を今字今言をもって解する」（『字統』）学をいう。そこに実際に存在する文字にこだわって解釈するものである点、朱子学・陽明学とは対照的である。

*31――**魏**　春秋時代には晋の国の一部であった。この地を領有した魏氏は、大夫として春秋の末期には他の有力家臣とともに晋の実権を握った。前四五三年に同じく晋の家臣であった韓・趙とともに晋を分割、前四〇三年には周王にも独立を承認され、以後戦国の七雄の一として勢力を拡大してゆく。

*32――**『風土記』**　和銅六年（七一三）に元明天皇の勅命により作成された地誌。現存するものは五か国のみ。単に風土的特徴だけではなく、民間伝承にも富んだ貴重な史料である。

*33――**土井ヶ浜遺跡**　山口県豊浦郡豊北町《とようらぐんほうほくちょう》にある弥生時代前～中期の埋葬跡。二百体以上の人骨及び副葬品が出土している。抜歯が見られることや縄文人との身長差等から、渡来人の遺跡と推定されている。

*34――**カナン**　パレスチナ地方の古代の名称。『旧約聖書』によると、イスラエルの民が神に約束された地であり、「乳と蜜の流れる地」として憧れた地である。この豊かな地を求めたイスラエル人による侵攻が昨今の紛争にまで引き継がれる結果となっている。

*35――**（大伴）家持**　（？～七八五）　奈良時代の官人・歌人。『万葉集』の主編者とされ、その中に、自作の歌も四百七十九首が採られているが、天平宝字三年（七五九）以降は、一首も

記録されていない。

また天平勝宝四年（七五四）兵部少輔・山陰道巡察使となった家持は、その翌年二月、防人の管掌者として、交代で赴任する防人から歌を採集している。

＊36──**島木赤彦**（一八七六～一九二六）　明治・大正時代の歌人。長野県に生まれる。伊藤佐千夫《いとうさちお》門下にあって、『アララギ』発行の中心となる。著書『万葉集の鑑賞及び其の批評』では、『万葉集』の短歌から秀歌二百六十五首を撰び、前・中・後期に分けて評釈を加えている。前期の三十四首中、初めの十九首までを東歌が占めている。

＊37──**『土佐日記』**　紀貫之著の我が国最初の和文日記。一巻。承平五年（九三五）頃の成立。貫之が土佐守の任期を終えて京へ戻るまでの行程を、女性に仮託した形で記している。

貫之の童名は阿古久曾（アコクソ）。呪的な名である。この日記には、政治の場面から追われた紀氏の文学に寄する深い思いがある。その歌風は万葉の歌に対して静的・理知的と言われるが、この日記の中の〝歌〟は時に土地の民謡的要素が入り、虚構をうまく利用して、大らかである。

因みにこの日記は、文学史上のみならず、民俗学的にも重要。当時の瀬戸内の生活を知る一級資料。本文に挙がっている歌は、船頭が船旅を心細く思う人々を元気づけるために歌ったもの。

＊38──**オッポルツェル**（一八四一～一八八六）　オーストリアの天文学者。ウィーン大学教授。紀元前一二〇七～後二一六三の間の日食月食を計算し、表にした『食宝典』を著わした。

＊39——**斎藤国治**（一九一三～二〇〇三）　天文学者。東京に生まれる。東京大学理学部天文学科卒。東京天文台教授、分光部部長。理学博士。専門は太陽コロナの研究。退官後、天文学を古文書を通して読み解くという未分野を開拓。著書は『国史国文に現れる星の記録の検証』（雄山閣　一九八六）、『古天文学の散歩道』（恒星社厚生閣　一九九二）、『星の古記録』（岩波新書　一九八二）等多数。

＊40——**褒姒**　西周末代・幽王の寵愛した妃。龍女が化したなどの伝説を持つ。幽王がこの褒姒を笑わせようとむやみに烽火《のろし》を上げたため、犬戎に攻められた際に烽火を上げても諸侯の救援を得られず、西周は滅びたとされる。

＊41——**杜甫の詩**　「京より奉先県に赴くときの詠懐、五百字」の第二段——その前後で情景を歌う一方で、

彤《あか》き廷《にわ》にて分かちたもう所の帛《きぬ》は
本《も》と寒《まず》しき女《むすめ》より出ず
其の夫家を鞭《むち》うち撻《たた》き
聚斂《しゅうれん》して城闕《みやこ》に貢せしものなり
聖人の筐篚《きょうひ》の恩《いつく》しみは
実に邦国の活《いきおい》づかんことを願いたまえばなり
臣にして如《も》し至《こよな》き理《まつりごと》を忽《おろそ》かにせば
君は豈《あ》に此の物を棄つるや

多くの士《おのこ》は朝廷に盈《み》てり
仁者は宜しく戦慄《せんりつ》すべし

と強い言葉で高官たち、ひいては皇帝をも批判している。炎のように燃え上がる憤りを表わしながらも節度を逸しない実に巧妙な言葉遣いである。

＊42――**（山上）憶良**　（六六〇～七三三？）　奈良時代の歌人。神亀五年（七二八）に大伴旅人《おおとものたびと》と出会って以降、特に多くの作品を残す。その大部分は老病貧死の人間苦、子への愛情を題材としたもの。

＊43――**司馬遷は～**　楚に仕えていた屈原は讒言されて放浪することとなり、そのような中で『楚辞』の「離騒」などを著したといわれる。司馬遷は『史記』「屈原・賈生列伝」で「屈平（平は屈原の名）が『離騒』をつくったのは、怨みからでたのであろう」と記す。

＊44――**共和期**　西周第十代・厲王《れいおう》が国人により都を追われ、王が空位になった前八四一年（共和元年、中国最初の紀年）から厲王が亡命先で没するまでの十四年間、宰相であった召・周の二公が共同して政治に当たった時期をいう。但し異説も多く、「共伯和」なる人物が王位を侵したものともいう。

懿王・孝王は前九〇〇年頃、西周第七・第八代の王。

＊45――**人麻呂の～**　『万葉集』巻二　二二〇は「玉藻よし讃岐の国は国柄《くにから》か見れども飽かぬ神柄《かむから》か」と始まる。人麻呂の流刑先である讃岐国（香川県）に対する国誉めの歌である。

＊46――**厲王**　西周第十代の王。その在位期間には諸説あるが、『史記』に依れば三十七年にも及

ぶ。それにも拘らず史実として残る記録は少ない。重用した栄夷公との施政は失政多く、クーデターを招いて共和制へと移行したとされる。

*47――**「公劉」**　「大雅」所収。公劉とは周の始祖・后稷四世の孫とされる人物。周創建期の建都の様を歌った叙事詩である。

*48――**「顧命」**　『尚書』「周書」中の一篇。周の第三代康王の即位の大典を記す。この儀式はおそらく殷代より伝えられたもので、その典範として、周に伝承されたものと思われる。この中で授霊に用いられる「綴衣《ていい》」は、我が国でいう「真床襲衾《まどこおぶすま》」に当たるものと考えられる。「大嘗祭」の原型がここにある。

*49――**出雲の寿詞**　寿詞とは、一般的な語義としては人の幸福を寿《ことほ》ぎ祝う言葉をいうが、ここでは天皇の御代の長久繁栄を寿ぎ祝う言葉を指す。『延喜式』巻八には、出雲国造《いづものこくそう》が新任の際に奏上する「出雲国造神賀詞《いづものこくそうかむよごと》」が収められている。

*50――**五行相克**　五行とは、木・火・土・金・水のこと。この五種で自然現象や人事現象の総てを説明しようとする思想が五行説である。この五行が火↓水↓土↓木↓金の順に、それぞれ前者に打ち克ちつつ現われるという考えが、相克説である。王朝の交代も五行に従うとされ、殷が金（色は白）、周は火（色は赤）と考えられた。

*51――**二王三恪**　周の廟祭において祀られた先王朝の祖霊のこと。二王は夏・殷、三恪は黄帝・堯・舜を指し、その後裔が「客神」として周廟に参向した。

*52――**宋襄の仁**　春秋時代、宋の国の王・襄公は覇者を目指していた。しかし楚の成王との戦い

の際、奇襲をかけるべきであるという勧めに対し、仁義を重んじる故にこれを受け入れず、みすみす勝機を失った。この事件は時宜をわきまえないものとして笑い草となったというが、『史記』「宋微子世家」においては、逆に礼のある行為として肯定的である。

*53――**城頭山遺跡**　湖南省にある約七千年前の湯家崗《とうかこうぶんか》文化から、大渓《たいけいぶんか》文化、屈家嶺文化、龍山文化に至るまでの遺跡。一九九八年から二〇〇〇年にかけて日中共同で学術調査が行われた。

*54――**楓**　中国原産のマンサク科の落葉高木。黄河以南、広東・四川省までと台湾に分布する。幹の樹脂は解毒や止血などの薬として用いられる。日本では街路樹として植えられている。

*55――**大武の楽章**　西周の初代・武王の業績を讃える楽章。「周頌」の詩篇のうち、六篇がこれに当たるとされる。『左伝』宣公十二年は、「桓」を第六の楽章とする。

*56――**預言者**　神意を受けて、それを民衆に伝達する者。預言の形をとって社会体制を批判することがなされ、『旧約聖書』中にはイザヤ、エレミヤなどがそのような預言者として登場する。

*57――**紀氏**　紀友則・貫之が『古今和歌集』の撰者として関わっているが、その編纂時期である十世紀初頭には、紀氏は藤原氏に圧倒されて政治的に殆ど無力であった。そのような中で友則や貫之は歌人として名を挙げ、文化面で名門の面目を保った。また紀氏の女性たちは、天皇家へ入り皇子を生んでいる。例えば、紀静子は、文徳天皇の第一皇子・惟喬《これたか》親王の母である。

註——註の多くは『白川静著作集』に依っている。それ故、一般の辞書とは異なる記述も多い。

また難解な言葉もそのまま用いたので『五経正義』のような〝註のための註〟が必要かも知れない。

「白川静」の表現・言葉を残したいという想いをもって作成した。

歌の誕生……

サイを木の枝で叩くと……

まず、神への願事《ねぎごと》を書いた手紙を入れる器がありました。
その器の名は〔𠙵〕《サイ》と言います。〔𢦏〕《サイ》より出でたからです。
神さまへ、𠙵を捧げて一所懸命、祈りました。
ところが、一向に願事成就致しません。
それで、神さまに、
「私、ここに、います。今、お祈りしています」
とお知らせするために、サイを木の枝で叩きます。
それが「可」。それが、うた。
もっとうたいましょう。

もっとうたいましょう。
それが「哥」。それが、うた。
今の「歌」という字は、新生児。
「欠」は口を大きくあけた人の形。「欠」がなくても
「うた」でした。
「うた」はサイより生まれました。

おわりに

この対談を終えて思うことがある。それは師と弟子の関係である。師が弟子を思う気持、弟子が師を思う気持である。

最初は気付かなかった。白川静から橋本循の名を、梅原猛から山元一郎の名を聞いた時、「白川静」の師と弟子、「梅原猛」の師と弟子の関係を知った。

結論を先に言ってしまうと白川静には師も弟子もいない。そう、思った。そう思った途端、白川静が初めて「孔子」と重なった。

「孔子にはちょっと寂しい気分がある」

「白川静にはちょっと寂しい気分がある」

いや、白川静が『孔子伝』を書いた理由は、「書物になれば、誰かが読んでくれるだろう」であった。白川静の『孔子伝』を読む者は、みな白川静の弟子になれる。高橋和巳が生きていたら白川静の一番弟子になっていたかも知れない。学園紛争という時代に『孔子伝』を書いた白川静は、多くの弟子たちに問うた。激しく問うた。流浪する孔子、彷徨《ほうこう》する孔子、乞食《こつじき》同然の孔子。その孔子についてゆく弟子たち――この構図は「あの時代」の白川静と白川静を愛する弟子たちとあまりに似ている。

高橋和巳はあの一文を戯れに書いたのではない。S教授という存在が、学生たちに与えた「熱いもの」を彼は、そこに留めておきたかったのである。

梅原猛もまた、真の意味で「梅原学」を継ぐ弟子も、それを彼に教えた師もいない。

二人はよく似ている。その学問のプロセスも結末も全く異なる二人であるが、二人とも「神と人との間」に居る――そしてこの本のメインタイトル「呪《じゅ》の思想」――二人は、神と人との間に坐して、神を降ろしている。

白川静も、梅原猛も「呪家《じゅか》」である、と私は思う。呪家は師と弟子を神にあずけている。

本書の企画者は梅原猛である。「白川先生と対談するなら一冊の本が出来る」。梅原猛は、産《さん》所《じょ》で赤子を取り上げた。その赤子は、右手にマサカリを持っていた。「白川先生には、借りがある。恩返しをしなくては」――但し、梅原猛のこと、フツーの取り上げ婆ではない。山姥《やまんば》。金太郎の母なる人。そう、ここでは梅原猛はこの「本」の〝母〟である。

西川照子

制作協力
京都大学人文科学研究所
立命館大学人文学会
日下部吉信
清水凱夫
津崎史
財団法人白鶴美術館・山中理
財団法人泉屋博古館・外山潔
株式会社京都写研
企画　梅原猛＋エディシオン・アルシーヴ
編集　エディシオン・アルシーヴ
西川照子＋深井大輔＋渡辺洋平＋
木村龍之介＋増田央＋栗田治
写真　畠山崇

平凡社ライブラリー　733

呪《じゅ》の思想《しそう》

神と人との間

発行日…………2011年4月9日　初版第1刷
2025年9月14日　初版第12刷

著者……………白川静＋梅原猛

発行者…………下中順平

発行所…………株式会社平凡社
〒101-0051　東京都千代田区神田神保町3-29
電話　(03)3230-6579［編集］
(03)3230-6573［営業］
振替　00180-0-29639

印刷・製本 ……株式会社東京印書館

D T P …………平凡社制作

装幀……………中垣信夫

Printed in Japan

ISBN978-4-582-76733-9

NDC 分類番号120

B6変型判（16.0cm）　総ページ328

平凡社ホームページ　https://www.heibonsha.co.jp/

平凡社ライブラリー　既刊より

文字逍遥
白川静著

甲骨文・金文から現代の国語問題に至るまで、三千数百年に及ぶ遥かなる漢字の歴史世界を見渡し、そこに隠された精神史の諸相をあざやかに捉えた随筆集。

解説＝中野美代子

文字遊心
白川静著

白川文字学の精華ともいうべきエッセイ集。中国人の精神の淵源に迫る「狂字論」「真字論」、金文のなかに古代人の生活を見る「火と水の民俗学」などの諸篇を収める。

解説＝武田雅哉

漢字の世界 1・2
中国文化の原点
白川静著

漢字はどのようにして生まれたのか？　その本来の意味とは？　古代人の心の世界を映す鏡である、深奥な漢字の世界を語りつくす。『字統』『字通』との併読を推奨。全2巻。

回思九十年
白川静著

自らの生い立ちと学問人生を綴った「私の履歴書」、宮城谷昌光、谷川健一、江藤淳、粟津潔、石牟礼道子各氏らとの対談を収録。白川静の魅力満載の一冊がハンディな形で登場！

白川静
漢字の世界観
松岡正剛著

博覧強記の著者が『字統』『字訓』『字通』の字書三部作等で知られる知の巨人・白川静の学問、思想、人生に分け入った初の入門書。写真・年譜のほか、五木寛之氏との対談を収録。